MAXIME KASONGO

DE LA COMPLEXITÉ À LA SIMPLICITÉ DE LA VIE CHRÉTIENNE

MAXIME KASONGO

DE LA COMPLEXITÉ À LA SIMPLICITÉ DE LA VIE CHRÉTIENNE

La vie chrétienne n'est pas une question d'activités religieuses, elle est une question de dépendance au Saint-Esprit.

Éditions Croix du Salut

Imprint
Any brand names and product names mentioned in this book are subject to trademark, brand or patent protection and are trademarks or registered trademarks of their respective holders. The use of brand names, product names, common names, trade names, product descriptions etc. even without a particular marking in this work is in no way to be construed to mean that such names may be regarded as unrestricted in respect of trademark and brand protection legislation and could thus be used by anyone.

Cover image: www.ingimage.com

Publisher:
Éditions Croix du Salut
is a trademark of
Dodo Books Indian Ocean Ltd., member of the OmniScriptum S.R.L Publishing group
str. A.Russo 15, of. 61, Chisinau-2068, Republic of Moldova Europe
Printed at: see last page
ISBN: 978-620-3-84170-1

Maxime KASONGO MUKWAMBA

DE LA COMPLEXITÉ À LA SIMPLICITÉ DE LA VIE CHRÉTIENNE

La vie chrétienne n'est pas une question d'activités religieuses, elle est une question de dépendance au Saint-Esprit.

ÉPIGRAPHE

« Toutefois, de même que le serpent séduisit Eve par sa ruse, je crains que vos pensées ne se corrompent et ne se détournent de la simplicité à l'égard de Christ. »

2 Corinthiens 11 : 3 (Bible Segond 1910)

DÉDICACE

À Mon père MUKWAMBA ALBATI pour des valeurs qu'il m'a instruit depuis mon plus bas âge ;

À Ma mère MWILAMBWE KALUMBA pour l'amour qu'elle n'a cessé de me montrer malgré mes caprices ;

À mes frères et sœurs de ma famille, particulièrement à mon petit frère Joseph KASONGO, le cadet de ma famille pour leur sens de partage et d'abnégation;

À Mon épouse que je marierai pour son amour véritable ;

À tout celui (celle) dont le désir de vivre pour Dieu est devenu son seul objectif quotidien.

Maxime KASONGO MUKWAMBA

REMERCIEMENTS

La gratitude est un signe d'humilité. Par le sentiment de reconnaissance qui nous anime, c'est pour nous un honneur de remercier tous ceux qui nous ont aidés, inspirés dans l'élaboration de cet édifice. Nous rendons gloire à Dieu, maitre de temps et des circonstances de nous avoir guidé sur ce terrain, à nous avoir donné la force de commencer et d'arriver au terme de la mission.

Qu'il soit loué d'éternité en éternité, de génération en génération, de toute langue, de toutes nations, toujours et à jamais.

Nous rendons grâce à Dieu pour les parents qu'il nous a donnés, MUKWAMBA ALBATI et MWILAMBWE KALUMBA, d'être ceux qui nous ont ouvert la voie de la connaissance, de l'humilité et de la crainte de l'Eternel. Qu'ils soient bénis et récompensées au-delà des leurs espérances.

Mes frères et sœurs, je vous suis tellement reconnaissant de m'avoir encouragé à croire à mes rêves, à m'avoir donné votre amour inconditionnel, votre sens de partage sans limite, et votre abnégation qui m'ont rehaussé jusqu'à ce niveau. Vous êtes ma fierté. Dieu seul, le Dieu de notre Salut fasse de vous des merveilles vivantes pour sa gloire infinie.

A l'église source de vie, et à notre pasteur local Prosper KABEYA, dont la rigueur de sa formation, sa patience et surtout son suivi n'ont cessé de produire en nous le désir d'aller plus loin avec Dieu. Tout ce que nous avons réussi en termes d'enseignements, de formation et de soutien, ne sauront jamais être résumés en quelques mots. Merci et que Dieu vous bénisse.

Nos remerciements s'adressent également au département d'évangélisation de l'église source de vie pour leur soutien multiforme.

A mon compagnon de lutte en Christ, MWADI MALOBA Bonfelix, avec qui nous avons passé des expériences inédites en Christ. Je remercie Dieu de t'avoir connu dans ma vie pour toutes les inspirations que tu m'as données. Persévérons toujours en Christ jusqu'au bout, car la couronne nous attend.

Nous remercions aussi l'équipe éditoriale pour avoir veillé sur la forme et l'édition de cet ouvrage, sans elle, de millions de personnes ne pourront bénéficier de cette grâce.

Maxime KASONGO MUKWAMBA

INTRODUCTION

La vie chrétienne est un apprentissage continu par le Saint-Esprit dans la vie de tout enfant de Dieu, de tout croyant ayant expérimenté le miracle de la nouvelle naissance en acceptant Jésus Christ comme son seigneur et sauveur.

Notre conversion a eu lieu lorsque nous avons cru en Jésus Christ ; quand nous avons fait face à la vérité de la parole de Dieu ; convaincu par l'esprit de Dieu, nous avons réalisé notre vulnérabilité par rapport à nos péchés qui nous a induit à une repentance sincère.

Selon qui est écrit en *Jean 16 :8 « Et quand il sera venu (Le Saint-Esprit), il convaincra le monde en ce qui concerne le péché, la justice et le jugement. » (Bible Segond 1910).*

Notre cœur ayant bouillonné à l'intérieur par la grâce de Dieu, convaincu par l'amour de Dieu, nous avons délibérément choisi de donner notre vie au seigneur à travers une prédication, un conseil d'un frère, une lecture passionnée des écritures, ou par des expériences personnelles que nous avons vécues.

Peu à peu, nous avons expérimenté la joie et la jouissance d'appartenir à la grande famille des rachetés.

Cependant, au cours de notre parcours avec le seigneur, nous avons fait et continuons à faire face à beaucoup de challenges surtout après notre conversion, ne maitrisant pas totalement les aspects de la vie chrétienne, nous avons réalisé la complexité de la vie chrétienne malgré le fait d'être baptisé par le Saint-Esprit.

Ça fait partie de mon histoire également. Après ma conversion, je me suis rendu compte que la vie chrétienne était devenue complexe, ce qui m'a plongé souvent dans la confusion par rapport à ce que Dieu attend de moi, de différencier ma part à la part de Dieu, comme Jésus Christ le précisait en *Jean 5 :17 'Mon Père est continuellement à l'œuvre et moi aussi je suis à l'œuvre.' (Bible en français courant).*

Comment arriver à comprendre la volonté de Dieu avec précision dans ma vie ?, comment saisir la bonne saison ?, quelle est la relation entre ma vie spirituelle et les autres domaines de la vie ?

Cette complexité m'a plongé dans un déséquilibre spirituel, voire un déséquilibre dans tous les domaines car il me manquait en quelque sorte une compréhension équilibrée de l'évangile de Jésus Christ.

Au fil des années, cette complexité de la vie chrétienne, je l'ai observée à grande proportion chez les enfants de Dieu, ce qui a créé des attentes irréalisables, de la frustration et une vie chrétienne sans joie.

Cette dernière a été maintenue par certains clichés auxquels nous avons cru depuis notre conversion ; à certains messages que nous avons entendus, de fois mal présentés, quelque fois généralisés et non spécifiés ou simplement par notre ignorance.

Ce genre de complexité a tendance à renfermer la vie chrétienne à un ensemble de pratiques à faire (même bonnes) voire religieuses qui deviennent difficiles à exécuter et qui alourdissent notre marche avec le Seigneur.

Par notre désir de plaire à Dieu, nous tombons sous le piège du légalisme qui remet en évidence notre culpabilité sans pourtant réaliser la puissance de Dieu par la folie de la prédication de la croix. (*1 Corinthiens 1 : 18-21, Bible Segond 1910*).

La Bonne nouvelle, c'est que la vie chrétienne à une telle simplicité que nous nous compliquons la vie pour rien.

Il suffit simplement de savoir vivre en harmonie avec le Saint-Esprit, en ayant conscience de certaines vérités en amont et de certaines connaissances en aval.

Ce livre est loin d'être une recette miracle. Il vous permet simplement de bien mener votre vie chrétienne à votre manière selon l'orientation du Saint –Esprit.

En clair, il vous aide à démanteler la complexité de la vie chrétienne qui vous fatigue à l'expérimentation de la simplicité à l'égard de Christ. Dans ce livre, nous aurons trois parties. Dans un premier temps, nous allons parler de la vie chrétienne, c'est-à-dire de notre conversion à Christ, car tout le reste dépend de cela. A cet effet, pour celui qui est converti, verra alors l'itinéraire s'ouvrir pour les deux autres parties. Mais pour celui qui n'est pas encore converti, je crois que Dieu par son esprit agira dans le cœur de celui (celle) afin qu'il (elle) donne sa vie à Jésus Christ. Dans la deuxième partie, nous allons montrer plusieurs complexités que nous croisons dans la vie chrétienne, et enfin par la grâce de Dieu, la troisième partie abordera la question de la simplicité de la vie chrétienne.

Je n'en doute jamais que vous allez y parvenir par la grâce de Dieu.

Fraternellement,

Maxime KASONGO MUKWAMBA
+243 82 33 13 195
E-mail : maximemukwamba@gmail.com
République Démocratique du Congo
Maxime Narcisse (Facebook)
Maxime KASONGO (Twitter)
Maxime KASONGO (Instagram)
Maxime KASONGO (Skype)

Première partie

LES FONDATIONS D'UNE VRAIE CONVERSION EN CHRIST

(Avoir de bonnes fondations dès sa conversion, est un bon départ car la vie chrétienne commence par là.)

CHAPITRE I. DU PAGANISME À LA CONVERSION EN CHRIST

I.1. L'ESCLAVE DU PECHE, DE LA CHAIR ET DU MONDE

Le paganisme est un état d'une personne sans Dieu. Faut-il encore le préciser, un païen est une personne qui ne croit pas en Dieu, qui n'a pas une intimité avec Christ ; quelqu'un qui vit une vie d'indépendance par rapport à la parole de Dieu, dans les péchés, sous l'emprise de la chair et aussi du Monde. Le païen est aussi quelqu'un qui croit en des divinités, à des religions qui ne sont pas fondées sur Jésus Christ ; car le fondement de la foi Chrétienne c'est Jésus Christ.

Paul sous l'inspiration de l'Esprit déclare en *1 CORINTHIENS 3 : 10-11 : « Selon la grâce de Dieu qui m'a été donnée, j'ai posé le fondement comme un sage architecte, et un autre bâtit dessus. Mais que chacun prenne garde à la manière dont il bâtit dessus. Car personne ne peut poser un autre fondement que celui qui a été posé, savoir Jésus Christ. (Bible segond 1910).*

Un païen peut être aussi une personne qui fréquente religieusement une église locale avec un certain niveau de moralité dont le cœur n'est pas circoncis.

Dans des termes plus simples ; un païen est une personne qui n'a pas encore cru en Jésus Christ ou qui ne croit pas du tout, c.-à-d. qui n'a pas encore expérimenté le miracle de la nouvelle naissance.

Sans Christ, toute personne est esclave du péché, de la chair et du monde, car il est écrit *en Jean 8 : 36 : 'Si donc le Fils vous affranchit, vous serez réellement libres.' (Bible segond 1910).* C'est Jésus Christ qui apporte la liberté à travers la connaissance de la vérité.

Face à cet état de pécheur, il n'y a aucune volonté humaine qui puisse trouver une issue par rapport au péché. Ainsi donc, par l'amour de Dieu, nous trouvons notre réponse en Jésus Christ.

I.2. LE DESESPOIR FACE A LA CONDITION DU PREMIER ADAM

Dans Jean 3 : 6 (*Bible en français courant*), il est écrit *'Ce qui naît de parents humains est humain ; ce qui naît de l'Esprit de Dieu est esprit'.*

Après la chute du premier homme Adam, l'humanité tout entière a hérité de ce péché originel de génération en génération. *Comme le précise l'apôtre Paul en Romains 3 : 23 « Car tous ont péché et sont privés de la gloire de Dieu. » (Bible segond 1910)*

C'est pourquoi, comme par un seul homme le péché est entré dans le monde, et par le péché la mort, et qu'ainsi la mort s'est étendue sur tous les hommes, parce que tous ont péché,… (Romains 5 : 12. Bible Segond 1910).

L'homme s'est retrouvé dans une situation où le péché était devenu son maitre. La venue de la loi, l'élaboration des principes universels de bonne moralité, la volonté de l'homme, les tribunaux humains et même la religion n'ont pas libéré l'homme face à ce fléau.

L'homme est devenu de plus en plus mauvais, le péché continuait à dominer sur lui.

Même pour les âmes les plus sincères, leurs résolutions, leur bonne volonté leur a donné temporairement une illusion de victoire face au péché mais après quelques temps le péché a repris sa domination.

Comme l'apôtre Paul s'écria désespérément en *Romains 7 : 24 «Misérable que je suis ! Qui me délivrera de ce corps de mort ?... (Bible segond 1910)*

La condition du premier Adam a fait tomber le monde dans un désespoir total face à la condition de l'être aimé par Dieu, à savoir l'homme.

Dans Apocalypse 5 : 2-3 précise « Et je vis un ange puissant, qui criait d'une voie forte : Qui est digne d'ouvrir le livre, et d'en rompre les sceaux ? Et personne dans le ciel, ni sur la terre, ne put ouvrir le livre ni le regarder.

Nul ne pouvait ouvrir le livre ni de le regarder. Mais gloire soit rendu à Dieu par Jésus Christ notre Seigneur et Sauveur, qui s'est livré lui-même pour nos péchés comme victime expiatoire.

I.3. LA CONVERSION EN CHRIST ET LE MYSTÈRE DE LA NOUVELLE CREATURE

La conversion en Christ commence par le fait qu'on réalise qu'on est pécheur, vendu au péché, et qu'on a pas d'autre issue que de chercher le sauveur qui est Jésus Christ.

Le fait de reconnaître ses péchés nous pousse à une vraie repentance, afin de recevoir la grâce de Dieu en Jésus Christ par la foi.

I.3.1. LA REPENTANCE

La repentance est le chemin de la conversion en Christ. Le problème aujourd'hui dans le monde évangélique, ce que les gens n'ont pas expérimenté la vraie conversion car ils sont partis sur de mauvaises bases.

Si on devait questionner la vie chrétienne à ce jour, on devrait questionner la fondation de la conversion.

« La sincérité d'une vraie repentance définit la véracité d'une vraie conversion »

La plupart des personnes ne se sont jamais repenties pour de vrai.

Certains sous le coup d'une émotion passagère ont dû confesser leurs péchés, qui, après un bout de temps reprennent leurs anciennes habitudes.

D'autres, à force de rester longtemps dans une église ayant reçu certaines responsabilités dans une église locale, devenant par exemple pasteur, diacre, évangéliste, etc. que de titres possibles ont présumé forcement être né de nouveau.

Certaines personnes par le fait d'avoir fréquenté une école théologique, ayant obtenu de grands diplômes en théologie, retenus à l'université comme enseignant ont trouvé toutes les bonnes raisons d'affirmer qu'ils étaient nés de nouveaux.

Lorsque nous lisons l'histoire de Nicodème en *Jean 3 :4, « Nicodème lui (à Jésus) dit : Comment un homme peut-il naître quand il est vieux ? Peut-il rentrer dans le sein de sa mère et naître ? (Bible segond 1910).*
Malgré toute la connaissance théologique de Nicodème, il ne comprend pas le mystère de la nouvelle naissance. Il n'est plus alors question de s'intéresser aux titres religieux.
Jésus Christ déplace le focus et nous pousse à nous poser la vraie question sur la nouvelle naissance, et non, nous laisser séduire par nos titres religieux, les activités que nous faisons à l'église, nos années de fréquentations et même notre influence sociale. A cette question, chacun de nous devrait répondre en toute humilité.
Mon point à ce niveau n'est pas de donner une liste complète des caractéristiques d'une personne née de nouveau, mais de nous amener tous à l'origine, qui est notre conversion, fondation de notre vie chrétienne.
Pour y voir clair et trouver une lumière à cette thématique, nous devons d'abord sonder nos motivations qui nous ont amené vers christ et l'authenticité de notre repentance.

* **Pourquoi croire en Jésus Christ ?**

Cette question est très fondamentale, elle pourra même faire l'objet d'un livre, cependant à ce niveau, nous tâcherons d'aborder juste certains aspects.
Dans Jean 3 : 16, il est écrit : « Car Dieu a tant aimé le monde qu'il a donné son Fils unique, afin que quiconque croit en lui ne périsse point, mais qu'il ait la vie éternelle. (Bible segond 1910).
Croire en Jésus Christ vous permet de recevoir la grâce de Dieu, la rémission des péchés, l'expérimentation de la nouvelle naissance.
Nous parlons du miracle de la nouvelle naissance, car c'est un fait tout à fait surnaturel. Convaincu par notre nature pécheresse par l'esprit de Dieu, quelqu'un ouvre son cœur pour recevoir Jésus Christ comme son seigneur et sauveur.
Selon qu'il est écrit en *Romains 10 : 9 'Si tu confesses de ta bouche le seigneur Jésus, et si tu crois dans ton cœur que Dieu l'a ressuscité des morts, tu seras sauvé.' (Bible segond 1910)*
Le fait de croire en Jésus Christ est précédé par une réelle repentance. Nous en parlerons un peu plus tard.
Le fait de devenir enfant de Dieu restaure votre communion avec le père par le Saint-Esprit. La vie éternelle consiste donc à connaitre Dieu (par le Saint-Esprit) et Jésus Christ notre Seigneur et sauveur.

Jean 17 :3 déclare 'Or la vie éternelle, c'est qu'ils te connaissent, toi, le seul vrai Dieu, et celui que tu as envoyé, Jésus Christ. (Bible segond 1910).

Ceci est le but principal, à cela s'ajoute l'accès à toutes les promesses de Dieu, à l'héritage en Christ en tant que fils de Dieu, dont la proportion de cet héritage nous sera conférée en fonction de notre niveau de maturité spirituelle.

Cela est donc vrai, un fils (fille) de Dieu peut être prospère, riche, être dans le confort, expérimenté des guérisons divines, voire des miracles, se réaliser dans sa vie, voire ses besoins et désirs assouvis.

Toutes ces choses devront découler de notre relation avec Dieu, de notre intimité avec Christ. Ces choses ne devront pas être la raison principale de notre conversion, sinon on risque d'avoir de fausses attentes et d'être en quelque sorte déçus de la vie chrétienne car dès au départ nos mobiles n'étaient pas synchronisés aux priorités divines.

La Bible déclare en 1 Corinthiens 15 :19 que ' si c'est dans cette vie seulement que nous espérons en Christ, nous sommes les plus malheureux de tous les hommes'. (Bible segond 1910)

Il s'avère donc indispensable de sonder notre motivation première lorsque nous sommes venus à Christ. Ceci a un impact sur la qualité de notre conversion.

Certains sont venus à Christ ou ont cru en Jésus Christ pour être guéris d'une maladie qui le fatigue, d'autres par contre se sont convertis pour avoir un boulot, le mariage, de la percée, une maison, des relations, de la notoriété, etc.

Toutes ces raisons ne sont pas mauvaises en soi, car Christ donne toutes ces choses, mais elles ne constituent pas la première raison qui puisse nous amener à croire en Jésus Christ.

Matthieu 6 :33 « Cherchez premièrement le royaume et la justice de Dieu ; et toutes ces choses vous seront données par-dessus. » (Bible segond 1910)

Matthieu 6 : 33 (Bible parole vivante) : 'Cherchez d'abord le Royaume de Dieu et ce que Dieu demande. Il vous donnera tout le reste en plus.'

Cela veut dire nous devons intérioriser le sens de priorité selon Dieu et non selon nos désirs. Nous devons d'abord prendre en compte ce que Dieu nous demande de faire pour son royaume, dans notre environnement, sa volonté et le reste nous sera donné par surcroît.

C'est ainsi que lorsqu'on n'a pas bien intérioriser le sens des priorités selon Dieu, ou lorsqu'on a de mauvaises motivations, on considère l'église locale comme un endroit où on part recevoir quelque chose, recevoir des bénédictions matérielles, voire attendre que le pasteur ou tel homme de Dieu fasse ceci ou cela pour moi, au lieu d'aller à l'église pour servir, écouter la parole de Dieu, et communier avec divers frères et sœurs.

Cette attitude d'une conversion mal affermie piège souvent les leaders religieux à présenter des messages qui laissent croire aux fidèles la satisfaction de tous leurs besoins, ce qui n'est pas faux, sans pourtant au préalable contextualiser leurs propos à ce sujet.

Les personnes ayant nourries ces idées se voient en quelque sorte frustrées car leurs attentes restent souvent insatisfaites.

Ce qui engendre des exils dans d'autres églises, la séparation et bien d'autres maux difficiles à gérer, car au départ les gens n'ont pas réalisé en profondeur les raisons de leur conversion.

C'est pourquoi, nous devons comprendre les raisons majeurs de notre conversion en Christ pour trouver les bons mobiles qui vont nous aider à persévérer dans le chemin étroit jusqu'à l'avènement de notre Seigneur et Sauveur Jésus Christ.

*** De la repentance à une vie nouvelle en Jésus Christ**

La prédication de la repentance fut la première de toutes les prédications prêchées par tous les envoyés de Dieu, chacun dans son époque.

Elle fut celle prônée en avant plan par Jésus Christ dans son ministère, et même de ses disciples, à l'instar de Pierre.

Mathieu 4 : 17 ' Dès ce moment Jésus commença à prêcher, et à dire : Repentez-vous, car le royaume de cieux est proche.' (Bible segond 1910)

Actes 2 : 36-38 ' Que toute la maison d'Israël sache donc avec certitude que Dieu a fait Seigneur et Christ ce Jésus que vous avez crucifié.' Après avoir entendu ce discours, ils eurent le cœur vivement touché, et ils dirent à Pierre et aux autres apôtres : Hommes frères, que ferons-nous ? Pierre leur dit : Repentez-vous, et que chacun de vous soit baptisé au nom de Jésus Christ, pour le pardon de vos péchés, et vous recevrez le don du Saint-Esprit. (Bible segond 1910)

Voyez-vous. Lorsqu'un païen est touché pour la première fois, la première chose qu'il fera tout de suite est de se repentir afin de faire avec paix avec Dieu au travers de jésus Christ. Pierre ne les a pas demandé d'offrir d'abord des offrandes sacrificielles (des biens et argent) afin de soutenir l'œuvre de Dieu, par contre, il les a demandés de se repentir.

La repentance doit être un sujet bien compris car elle ouvre une porte vers la nouvelle naissance par la foi en Jésus Christ.

Il est écrit en Jean 3 : 6 *'Ce qui est né de la chair est chair et ce qui est né de l'esprit est esprit'.* (Bible segond 1910) Ceci dit, on doit naître d'esprit pour une nouvelle vie de transformation par l'œuvre du Saint-Esprit.

La vie chrétienne n'est pas une simple amélioration de la nature de l'homme ou l'acquisition de certains principes de bonne moralité et encore moins l'adhésion à des dogmes religieux. La vie Chrétienne commence par la nouvelle naissance et le baptême du le Saint Esprit.

Ce qui est déplorable, les gens veulent venir à Christ sans repentance, ils veulent s'empresser de servir Dieu sans le connaitre vraiment, ils se contentent dans ce que j'appelle *« L'activisme religieux »*.

*** Ce qui n'est pas la repentance**

La repentance n'est pas le fait de confesser ses péchés. La confession des péchés fait partie du processus.

Plusieurs gens confessent leurs péchés ou les avouent même publiquement, mais ils ne se sont jamais repentis, car après quelques temps, ils vont reprendre leur activité d'iniquité.

Car nous avons beau cru que quelqu'un arrive à avouer ses péchés, donc il s'est repenti, la repentance va au-delà de ça.

-La repentance n'est pas le fait de pleurer pour des tords qu'on a commis.

-La vraie repentance ne se mesure pas sur des changements extérieurs car les hommes peuvent porter temporairement un masque et vivre dans l'hypocrisie.

-La vraie repentance n'est pas le fait de jurer de ne plus commettre des péchés après une séance de confession. La vraie repentance va au-delà de cela.

Nous avons vu des gens témoigner de tout ce que nous avons cité ci-haut, mais à l'épreuve du temps, nous nous sommes rendu comptes qu'ils ne s'étaient pas réellement repentis. Comprenez-moi très bien, je ne dis pas que les gens qui se repentent vraiment ne commettent plus des péchés, ce n'est pas ce que je veux dire. Mais avant tout, la repentance est une question de cœur et c'est seulement Dieu qui peut attester que telle ou telle autre personne s'est repentie véritablement. Toutes les choses que nous avons évoquées peuvent être des conséquences d'une vraie repentance.

***La vraie repentance et le mystère de la nouvelle créature**

Comme dit précédemment, la vraie repentance est une question de cœur.

Comment elle intervient ?

Loin de moi l'idée de donner un mécanisme classique ou théologique de la repentance, cependant par la grâce de Dieu, nous allons voir certains éléments importants d'une vraie repentance.

***1. La conscience du péché et le désir d'être libéré**

C'est le saint esprit qui nous convainc en ce qui concerne le péché.

Jean 16 :8 « Et quand il sera venu (Le Saint-Esprit), il convaincra le monde en ce qui concerne le péché, la justice et le jugement. » (Bible segond 1910)

Alors tout à coup, la personne reçoit une si forte conscience du péché et réalise en effet son état de pécheur. Malgré son désir d'abandonner le péché, il a d'abord le désir de recevoir le pardon de

Dieu et des gens qu'il a causés du tort. Réalisant la possibilité de rechuter, il implore la grâce d'être libéré. C'est ce que j'appelle *le point déclencheur d'une vraie repentance.*

***2. La haine du péché**

Après avoir reçu cette forte conscience du péché, la personne qui veut se repentir reçoit cette haine du péché. Elle réalise clairement la destruction qu'il encourait en demeurant dans les péchés même si visiblement il avait l'illusion d'être servi ou de s'aider en vivant dans comme cela.

***3. Le désir ardent de ne plus recommencer dans son ancienne vie**

La personne prend des résolutions dans sa part des responsabilités de vivre pour Dieu et d'enterrer à jamais son ancienne vie.

***4. Le plaisir de vivre selon la parole de Dieu**

Ce dernier point reste très capital. Si quelqu'un n'est pas satisfait en Jésus Christ, il peut soit être envouté par le monde ou rechuter dans le monde.

Car pour lui, la vie chrétienne sera une vie des privations et des sacrifices, au lieu de la voir comme une vie de joie, de jouissance et de liberté.

Aimes-tu vivre selon la parole de Dieu, comme tu veux te repentir ? Sens-tu le bonheur d'appartenir désormais à la famille de Dieu ?

C'est donc en passant par ces quelques étapes, pas forcément linéaires ni exhaustives que votre repentance sera authentique et votre croyance en Jésus Christ sera sincère.

C'est ainsi que votre conversion aura de bonnes fondations.

C'est après avoir expérimenté le miracle de la nouvelle naissance que la vie du Chrétien, de l'enfant de Dieu reste sous le guide du Saint-Esprit.

I.4. LE SAINT ESPRIT ET LES DONS SPIRITUELS

Le saint esprit est celui qui est sensé conduire le fils de Dieu (le croyant). Dans ses rapports avec l'église locale, le milieu professionnel et partout ailleurs, l'enfant de Dieu devra développer cette sensibilité à la voix du Saint-Esprit dans tous les domaines de sa vie.

Jésus Christ pouvait dire en Jean 16 : 13 : 'Quand le consolateur sera venu, l'Esprit de vérité, il vous conduira dans toute la vérité ; car il ne parlera pas de lui-même, mais il dira tout ce qu'il aura entendu, et il vous annoncera les choses à venir.' (Bible segond 1910)

Précédemment dans Jean 16 :7, Jésus christ note qu'il est avantageux qu'il s'en aille afin que le consolateur (Le saint Esprit) vienne pour nous conduire dans toute la vérité et nous annoncer les choses à venir. Sans le Saint-Esprit, on ne peut pas connaitre les choses de Dieu, ni anticiper sur le futur. N'est-t-il pas écrit en *1 Corinthiens 2 :11 ' Lequel des hommes, en effet, connait les choses de l'homme, si ce n'est l'esprit de l'homme qui est en lui ? De même, personne ne connait les choses de Dieu, si ce n'est l'Esprit de Dieu. (Bible segond 1910).*

I.4.1. L'IMPORTANCE DU SAINT-ESPRIT

Tout enfant de Dieu qui croit véritablement en Jésus Christ doit être scellé du Saint Esprit qui l'authentifie dans la grande famille spirituelle de Dieu.

Même à un stade élémentaire de la vie Chrétienne, on peut être baptisé du Saint Esprit sans pourtant commencer à manifester les dons spirituels parce qu'on n'est pas encore très conscients de ces dons et de la puissance de Dieu.

L'importance du Saint-Esprit ne sera pas limité par ces quelques lignes que nous présenterons ici, car son rôle est basique et s'étend même dans l'éternité. *(Jean 14 :16 ; Bible segond 1910).*

« Il n'y a pas de vie Chrétienne, sans le Saint-Esprit. »

Une vie chrétienne sans le Saint-Esprit n'est qu'une religion fondée sur les dogmes et principes humains.

Actes 1 :8 « Mais vous recevrez une puissance, le Saint-Esprit survenant sur vous et vous serez mes témoins à Jérusalem, dans toute la Judée, dans la Samarie, et jusqu'aux extrémités de la terre. » (Bible segond 1910)

Jésus Christ malgré les enseignements qu'il a donnés à ses disciples, malgré l'explication des paraboles qu'ils ont bénéficiée, ils n'étaient pas prêts pour témoigner, évangéliser pour le Maitre, Jésus Christ. Ils devraient attendre la venue du Saint-Esprit pour recevoir la puissance nécessaire et les directives précises afin de témoigner de Christ avec assurance.

Voyez-vous. Vous pouvez avoir toutes les versions de la Bible dans votre Chambre, participer à des réunions évangéliques, étudier la théologie dans une université prestigieuse.

Toutes ces choses, bonnes qu'elles soient ne vous aideront pas à mener une vie chrétienne victorieuse, sans la dépendance à la personne du Saint-Esprit.

L'importance donc du Saint-Esprit est de vous aider à vivre selon la volonté de Dieu. Il vous aide à vous préciser certains détails dans votre marche avec le Seigneur, pour mener une vie triomphante à tous égards.

I.4.2. COMMENT ETRE REMPLI DU SAINT-ESPRIT ?

Selon les écritures, plusieurs personnes ont été remplies du Saint-Esprit de diverses manières.

Dans Jean 20 : 22, *(Louis second, 1910)*, On voit Jésus Christ souffler sur ses disciples, et leur dit recevez le Saint-Esprit. D'un autre côté, nous voyons Pierre et Jean imposer les mains aux gens, et ces derniers reçoivent le Saint-Esprit (Actes 8 :18 ; Actes 19 :6 ; Bible segond 1910).

Certains ont reçu le Saint-Esprit à travers la prédication de la parole de Dieu à l'instar de Pierre qui prêchait en Actes 10 :44. (Bible segond 1910)

Généralement, après avoir cru en Jésus Christ, vous pouvez directement ou après un temps donné être baptisés (scellés) du Saint-Esprit.

Il sied de préciser en avant plan que lorsque vous êtes baptisés par le Saint-Esprit, vous devenez une habitation de Dieu en Esprit (Ephésiens 2 :22 ; Bible segond 1910).

Ainsi donc, malgré la manière dont vous serez baptisés du Saint-Esprit. Que ça soit en écoutant la parole de Dieu, par imposition des mains, etc. La première de chose, il faudra d'abord expérimenter la nouvelle naissance pour être scellés du Saint-Esprit.

Certains me diront n'est-ce pas le Saint-Esprit est descendu même chez les païens dans Actes 10 :45. (Bible segond 1910).

Le contexte de ce verset démontre seulement la puissance de la grâce de Dieu qu'il pouvait déverser même aux autres nations, à part Israël pour ceux qui sont prêt à croire en Jésus Christ.

Il n'a pas été dit expressément que le Saint-Esprit est venu demeurer en eux pour qu'ils deviennent en permanence un temple du Saint-Esprit, c.-à-d. scellés du Saint-Esprit. C'est juste descendre pour une mission quelconque ou dans l'idée de confirmer la puissance de l'évangile. C'est juste en quelque sorte un exemple que les païens qui croiront en Jésus Christ seront remplis du Saint-Esprit.

De toutes les façons, le Saint –Esprit est le gage que Dieu donne à tout croyant, qui lui rassure l'enlèvement à la venue de Jésus Christ.

Ephésiens 1 : 13-14 ' *En lui vous aussi, après avoir entendu la parole de la vérité, l'évangile de votre salut, en lui vous avez cru et vous avez été scellés du Saint-Esprit qui avait été promis, lequel est un gage de notre héritage, pour la rédemption de ceux que Dieu s'est acquis, à la louange de sa gloire. (Bible segond 1910)*

I.4.3. LES DONS DU SAINT-ESPRIT

Pour tout enfant de Dieu ayant expérimenté la nouvelle naissance et est baptisé du Saint-Esprit a au moins un don spirituel.

Tout homme baptisé du Saint-Esprit ne peut pas manquer un don spirituel, ce n'est pas possible.

Lisons 1 CORINTHIENS 12 :1-11

« Pour ce qui concerne les dons spirituels, je ne veux pas, frères que vous soyez dans l'ignorance….

(4) : Il y a diversité des dons, mais le seul Esprit ; (5) diversité de ministères, mais le même seigneur ; (6) diversité d'opérations, mais le même Dieu qui opères tout en tous. (7) Or, à chacun la manifestation de l'Esprit est donnée pour l'utilité commune. (8) En effet, à l'un est donné par l'Esprit une parole de sagesse ; à un autre, une parole de connaissance, selon le même Esprit ; (9) à un autre, la foi, par le même Esprit ; à un autre, le don des guérisons, par le même Esprit ; (10) à un autre, le don d'opérer les Miracles ; à un autre, la prophétie ; à un autre, le discernement des esprits ; à un autre, la diversité des langues ; à un autre, l'interprétation des langues.

(11) Un seul et même Esprit opère toutes ces choses, les distribuant à Chacun en particulier comme il veut. (Bible segond 1910)

La première des Choses qu'il faut d'entrée de jeu préciser est que les dons spirituels ne doivent pas faire l'objet de vantardise ni de jalousie. La bible précise bien que les dons spirituels sont donnés pour l'utilité commune. Ils ne sont pas donnés de manière exclusive pour satisfaire un sentiment d'orgueil ou de supériorité ou pour sa propre utilité.

Comparativement au corps humain qui a plusieurs membres et dont chaque membre a son utilité. Pareillement pour nous qui formons le corps de christ, avec des dons différents pour l'édification de l'église.

Ainsi donc, chacun de nous a un rôle à jouer en tant qu'enfant de Dieu de par son don pour l'utilité de plusieurs.

Selon *1 Corinthiens 12 :1-10 (Bible Segond 1910)* la Bible nous précise déjà 9 (neufs) dons spirituels qui peuvent être distribués par le Saint-Esprit selon sa propre volonté.

La conscience de ses dons spirituels dépend de la conscience du Chrétien par rapport à ce que le Saint-Esprit a déposé en lui.

Certains se considèrent n'ayant pas de dons, et pourtant ils ont des dons qui sommeillent en eux. Il suffit qu'ils deviennent conscients de la présence du Saint-Esprit, qu'ils développent une si forte sensibilité à la voix du Saint-Esprit, peu à peu ils découvriront les différents trésors des dons qu'ils ont reçus.

C'est en agissant parfois à ce que l'esprit de Dieu nous dit qu'on pourra se rendre compte qu'on a le don par exemple d'opérer les miracles.

C'est en obéissant par une instruction de Dieu, parfois de prier pour quelqu'un, qu'on découvrira qu'on a le don des guérisons, et ainsi de suite.

Les dons spirituels peuvent être en nous et se manifestant de manière ponctuelle ou régulière selon les orientations du Saint-Esprit. Cependant la manifestation des dons spirituels n'est pas le signe de la maturité spirituelle. La maturité spirituelle est la résultante d'une pratique régulière de la compréhension des vérités de la parole de Dieu, et à l'obéissance du Saint-Esprit.

La distribution des dons spirituels ne dépend pas de nombre d'années que vous avez fait dans votre église locale, ni encore votre âge, c'est simplement les dons que le Saint-Esprit accorde à tout enfant de Dieu selon sa volonté.

Toutes fois, vous pouvez aspirer à un don spirituel et Dieu peut vous l'accorder.

1 Corinthiens 14 :1 ' Recherchez la charité. Aspirez aussi aux dons spirituels, mais surtout à celui de prophétie.' (Bible segond 1910)

1 Corinthiens 14 : 39 ' Ainsi donc, frères, aspirez au don de prophétie, et n'empêchez pas de parler en langues. (Louis second, 1910)

L'aspiration aux dons spirituels est une bonne chose lorsque nous avons de meilleures dispositions de cœur.

Par la pureté de nos motivations, en aspirant aux dons spirituels, le Saint-Esprit peut nous en donner.

Toutes fois, reconnaissons la souveraineté du Saint-Esprit dans la distribution des dons spirituels.

Les détails exhaustifs sur chacun de ses dons spirituels pourront faire l'objet d'un autre livre.

CHAP.II. LES PILIERS DE LA CROISSANCE SPIRITUELLE

Après avoir cru en Jésus Christ, il faut maintenant croitre afin d'atteindre la maturité spirituelle, étant donné que l'objectif c'est d'atteindre la stature parfaite de Jésus Christ.

Ephésiens 4 : 13 déclare : 'jusqu'à ce que nous soyons tous parvenus à l'unité de la foi et de la connaissance du Fils de Dieu, à l'état d'homme fait, à la mesure de la stature parfaite de Christ.'(Bible segond 1910)

C'est la marche d'un enfant de Dieu. Au début, il a besoin du lait, après, ça sera de la nourriture solide, sinon il restera un bébé spirituel qui sera incapable d'expérimenter tout l'héritage en Christ.

Selon qu'il est écrit en *Galates 4 : 1 « Or, aussi longtemps que l'héritier est enfant, je dis qu'il ne diffère en rien d'un esclave, quoiqu'il soit le maître de tout* ; *(Bible segond 1910)*

La nouvelle création doit se nourrir de la parole de Dieu au quotidien afin de croitre.

La croissance spirituelle ne dépend pas de nombre d'heures qu'on passe à l'église ou de combien d'années, on a dans le Seigneur. Bien que ces choses soient importantes à certains des égards, la croissance spirituelle dépend de la pratique de la parole de Dieu au quotidien dans l'intimité avec Christ par la communion du Saint-Esprit.

Comment en arriver là ?, il faut LA CONNAISSANCE.

Osée 4 : 6 dit : « Mon peuple est détruit parce qu'il lui manque la Connaissance. Puisque tu as rejeté la Connaissance, je te rejetterai aussi, et tu seras dépouillé de mon sacerdoce ; Puisque tu as oublié la loi de ton Dieu, j'oublierai aussi tes enfants. (Bible segond 1910)

Lorsqu'on n'a pas la Connaissance, on vit dans l'ignorance. Par conséquent, le manque de Connaissance va vous détruire.

La version Bible parole vivante déclare en Osée 4 :6 :

« Mon peuple meurt, parce qu'il ne me connait pas. Vous, vous n'avez pas voulu me connaitre. C'est pourquoi je ne veux plus de vous, vous ne serez plus mes prêtres.

Vous avez oublié l'enseignement de votre Dieu, alors à mon tour, j'oublierai vos enfants. »

II.1. LA CONNAISSANCE DE LA VERITÉ SUR DIEU

C'est le point de départ pour croître en Jésus Christ, et devenir réellement libre. Nous devons connaitre Dieu, le connaitre véritablement. Nous ne pouvons pas connaitre le père sans passer par le fils.

Quand je dis '*Connaitre Dieu*', ce n'est pas entrer dans une église locale, prier, jeuner ou avoir une responsabilité à l'église.....Ce n'est pas de cela qu'il s'agit. Mais lorsque je parle de connaitre Dieu, c'est partager avec lui une parfaite intimité. Lorsque vous parlez à quelqu'un de christ, vous savez réellement de quoi vous parlez, vous vivez réellement ce que vous croyez. C'est une dimension où Dieu est devenu si réel dans votre vie, où vous pouvez lui parler comme un ami.

Quand on pose ici la question, qui est Dieu ?

Cette question semble être bizarre pour certains, et pourtant c'est le point fondamental.

Une personne qui connait vraiment Dieu doit être transformée et affranchie. On ne peut pas rester la même personne après avoir connu qui est Dieu.

Jean 17 : 3 « Or, la vie éternelle, c'est qu'ils te connaissent, toi, le seul vrai Dieu, et celui que tu as envoyé, Jésus Christ. » (Bible segond 1910).

Jésus Christ, en venant sur terre sauver les humains est venu avec l'objectif de relever le père.

C'est cela même la vie éternelle, connaitre Dieu et Jésus Christ. Il est impossible de prétendre avoir la vie éternelle sans connaitre Dieu, et par conséquent on ne sera jamais libre.

Un des objectifs principaux de l'église locale, c'est d'aider aux gens de s'approcher de Dieu, d'être son intime.

Quand on connait Dieu, on vit dans la liberté, on est libéré de la peur, de l'anxiété, car je reconnais que je prie un Dieu puissant et fort.

Je reconnais ses attributs dans ma vie. Il est le Tout Puissant, le Créateur de tout, il est Capable de tout, rien n'est impossible à lui, il appelle à l'existence des choses qui n'existent pas comme si elles existaient.

C'est pourquoi, nous devons avoir la soif de connaitre Dieu.

La Bible déclare en *Romains 1 : 28 ' : « Comme ils ne se sont pas souciés de connaitre Dieu, Dieu les a livrés à leur sens reprouvé, pour commettre des choses indignes.*

La version Bible de semeur déclare toujours en *Romains 1 : 28* : *' Ils n'ont pas jugé bon de connaitre Dieu, c'est pourquoi Dieu les a abandonnés à leur pensée faussée, si bien qu'ils font ce qu'on ne doit pas.'*

Il faut se soucier de connaitre Dieu.

Pour mieux connaitre Dieu, il faut passer du temps avec lui, dans la méditation de sa parole, dans la prière, en l'aimant comme un ami.

Quand Dieu devient si réel dans votre vie, vous ne craindrez plus rien au monde.

II.2. LA CONNAISSANCE DE SOI

La plupart des gens aujourd'hui ont un problème avec leur propre identité. Ils ne savent pas qui ils sont vraiment, et essaient de se définir en fonction du regard des autres, et laissent simplement le monde, les circonstances, les difficultés définir leur identité.

La connaissance de soi est l'un de fondements de la réussite, de l'affirmation de soi et même de sa propre personnalité.

Il s'avère donc important de se connaitre véritablement. Se connaitre ne s'arrête pas à savoir son tempérament, ses points forts ou ses points faibles, ses préférences ou ses dégoûts, se connaître va au delà de cela. Il suffit en effet, de savoir qui on est devenu en Jésus Christ, comprendre l'autorité que nous avons réussi de lui, sa position par rapport au monde, sa mission et l'influence qu'on devra avoir dans un monde déchu comme celui-ci.

'Se connaître véritablement passe par la connaissance de Dieu'

Ne pas se connaître véritablement affecte notre productivité, occulte notre autorité, et nous pousse à nous confondre avec la masse. Il s'avère donc indispensable de réaliser que nous sommes uniques en Christ, doté de capacités, de puissance et d'autorité qui nous permette à exercer notre mission sur la terre en tant que représentation légale de Dieu.

Le Diable cherchera par tous les moyens à corrompre votre identité, en vous assimilant à tout le monde, en se servant des circonstances, des autorités, des amis et même de leadeurs religieux à dénaturer votre perception par rapport à vous-mêmes. En vous poussant, à des conclusions qui vous rabaissent juste en vous rappelant quelques erreurs du passé, quelques échecs passagers. Car lorsque votre identité n'est pas fortement établie, non seulement vous ne pouvez pas vous autoriser certaines choses, mais vous serez limités dans votre façon d'opérer comme un enfant de Dieu.

Qui on est véritablement devenu en Jésus Christ ? et qu'est ce que nous avons reçu de lui ?

1° Une nouvelle créature

Le fait de dire qu'on est devenu une nouvelle créature semble un peu clichée pour certaines personnes. N'est ce pas vrai nous avons-nous la même physionomie corporelle (deux yeux, deux oreilles, bouche, etc.). En quoi cette déclaration pourra-t-elle être vraie et vérifiable ?

Le corps n'est qu'une tente comme le précise l'apôtre Paul en *2 Pierre 1 : 13 ' Et je regarde comme un devoir, aussi longtemps que je suis dans cette tente, de vous tenir en éveil par des avertissements,'* (Bible segond 1910) Ceci dit, celui-ci subit l'influence de l'âme et de l'esprit. L'homme naturel qui n'est pas né de nouveau, son esprit est non éclairé, déconnecté de Dieu, ce qui fait de lui un homme animal. Ceci nous amène à comprendre que l'affaire d'être né ou ne pas être né de nouveau est une affaire spirituelle, qui a lieu dans notre esprit. Ainsi, être né de nouveau, réconcilié avec Dieu, régénéré dans notre esprit fait de nous de nouvelles créatures, même si nous avons la même physionomie corporelle. Être une nouvelle créature, c'est reprendre l'image de Dieu qu'Adam avait perdue en jardin d'Eden, c'est avoir la légitimité d'opérer comme Dieu opère. Ça change tout, waouh…La nouvelle créature ne subit plus rien, elle est régie par d'autres lois qui sont à son avantage, son cas est différent par rapport aux autres.

2° La supériorité sur le monde des ténèbres

Ah oui, la nouvelle créature (Chrétien véritable) a reçu une supériorité sur le monde des ténèbres. C'est la seule identité sur terre capable de frustrer le Diable, les démons et tous ses agents. Il (le chrétien) ne vit pas pour lui, il mène une vie basée sur la mission qu'il a reçue de Dieu. Il est capable d'entraver les activités des ténèbres car il brille dans ce monde, il est la lumière car il est issu de la lumière. N'est-t-il pas écrit : *Tel il est, tels nous sommes aussi dans ce monde : c'est en cela que l'amour est parfait en nous, afin que nous ayons de l'assurance au jour du jugement. (1 Jean 4 : 17 ; Bible segond 1910).*

Comprendre que nous avons la supériorité sur le monde des ténèbres, c'est simplement prendre conscience de son identité. Ca n'a rien à avoir d'une présomption. *Ephésiens 2 : 6-7 déclare : ' Il nous a ressuscités ensemble, et nous a fait asseoir ensemble dans les lieux célestes, en Jésus Christ, afin de montrer dans les siècles à venir l'infinie richesse de sa grâce par sa bonté envers nous en Jésus Christ.*

Un enfant de Dieu ne peut pas trembler devant un sorcier, un agent du monde exotérique, quelque soit son nom.

3° L'autorité légale en Jésus Christ

La plupart des enfants de Dieu ont reçu l'autorité qu'ils n'utilisent presque pas. Jésus Christ a dit, en *Luc 10 : 19 ' Voici, je vous donne l'autorité de marcher sur les serpents et sur les scorpions, et sur toute la puissance de l'ennemi ; et rien ne vous nuira ;' (Version Darby).*

'L'autorité est donnée pour être exercée'.

Ça n'a jamais été la volonté de Dieu à tout moment de recourir à lui pour tout problème qui frappe sur la porte de notre vie. Il s'attend de fois à ce que nous parlions devant les montagnes de notre vie, d'exercer notre autorité aux circonstances compliquées de la vie, et de trouver des issues. Il importe donc à tout enfant de Dieu ayant mûri jusqu'à un certain niveau d'utiliser son autorité face au monde des ténèbres, aux circonstances, etc.

'Vous avez en vous la même puissance qui a relevé jésus christ d'entre les morts.'

4° La propriété privée de l'Eternel

Ce dernier point est vraiment capital car il vous met dans une situation de sécurité. Vous êtes la propriété privée de Dieu. En clair cela veut dire, que Dieu veuille sur vous car vous lui appartenez. Il s'assure que vous soyez en bonne santé, il te donne seul des directives à suivre, la voie sur laquelle tu dois marcher. Il te protège. Comprendre que vous êtes devenus la propriété privée de Dieu chasse en vous la crainte, les inquiétudes, les comparaisons inutiles. Vous savez dans tous les cas que Dieu est votre pourvoyeur, votre haute retraite, il est votre guérisseur, il est votre père.

Vous ne pouvez plus vous comparer aux autres en bien ou en mal. Vous avez une histoire unique avec Dieu. Dieu dit à votre propos, en hébreux 13 : 5 (Louis segond) qu'il ne vous abandonnera point, ni vous délaisser.

Vous êtes exceptionnel à ces yeux, car vous avez été rachetés à un grand prix. Il est votre rédempteur, le puissant guerrier à votre coté.

Psaumes 91 : 7 déclare 'Que mille tombent à ton coté, Et dix mille à ta droite, tu ne seras pas atteint ;' (Bible segond 1910)

5° Vous avez la vie éternelle

Comme vous avez cru en Jésus Christ, vous avez la vie éternelle en vous. Vous ne mourrez plus jamais. Ca semble déplacé, ah oui, c'est ce que Jésus christ lui-même a déclaré en *Jean 5 : 24 (Bible segond 1910) ' En vérité, en vérité, je vous le dis, celui qui écoute ma parole, et qui croit à celui qui m'a envoyé, a la vie éternelle et ne vient point en jugement, mais il est passé de la mort à la vie. Jean 8 : 51, le dit clairement en ces mots : En vérité, en vérité, je vous le dis, si quelqu'un garde ma parole, il ne verra jamais la mort.' (Bible segond 1910).* La vérité est que vous n'êtes pas votre corps, votre corps mourra car il est juste une enveloppe que vous contient. Vous êtes un Esprit qui habite un corps et possédant une âme. Vous êtes donc dans votre dimension spirituelle immortelle en Christ. Prendre conscience de cette vérité, vous pousse à vivre comme Dieu sur la terre. N'est-t-il pas écrit que j'avais dit : Vous êtes des dieux, Vous êtes tous des fils du Très Haut. (Psaumes *82 : 6 ; Bible segond 1910).*

L'idée est de vous monter que la manifestation de la vie éternelle, ce n'est pas après votre mort, au ciel. Cette vie éternelle commence sur la terre, et continue dans l'éternité. Vous avez donc droit à l'abondance en Jésus Christ, car il est écrit en *Jean 10 : 10 ' Le voleur ne vient que pour dérober, égorger et détruire ; moi, je suis venu afin que les brebis aient la vie, et qu'elles soient dans l'abondance. (Bible segond 1910)*

II.3. LA CONNAISANCE DE LA SCIENCE

La connaissance de la Science est très importante pour un enfant de Dieu. Sous prétexte de la spiritualité, la plupart des enfants de Dieu négligent la science, et se trouvent souvent détruits par le manque de connaissance, non seulement de Dieu, mais d'autres choses ' vérités scientifiques' qu'il faut observer, car Dieu lui-même est omniscient. Dieu n'a jamais été fier d'un ignorant, il n'est pas fier de son fils qui ne connait pas la science à l'heure actuelle, car il risque d'être limité dans son influence en tant qu'ambassadeur de Dieu sur la Terre. Il n'est plus à démontrer aujourd'hui les mérites de la science, bien qu'il y a aussi des abus ; toutes fois, le monde a d'autant plus changé sa structure, son mode de fonctionnement grâce à la science. Le marché du travail aujourd'hui exige des compétences scientifiques avérées, et non seulement la prière et le jeûne. Loin de moi, l'idée, de faire prévaloir la science au détriment d'autres critères. Il suffit simplement de manière équilibrée à prendre conscience que la connaissance de la science apporte une sorte de croissance dans le monde physique, même de la croissance spirituelle. La plupart des enfants de Dieu qui négligent la science se trouvent souvent pauvres, et non valorisés dans le monde du travail car ils n'ont des compétences spécifiques. La Bible déclare en Proverbes 24 : 4 ' C'est par la science que les chambres se remplissent de tous les biens précieux et agréables' (Bible segond

1910). C'est aussi vrai que d'adorer l'Éternel, vouloir remplir sa maison d'objets précieux passe aussi par la connaissance de la Science.

II.4. LA RÉVÉLATION

La révélation est donnée par le Saint-Esprit de manière ponctuelle à un enfant de Dieu pour telle ou telle autre situation. La révélation est importante car elle fournit une solution optimale parmi plusieurs, elle vous donne accès à des secrets cachés, à des complots, à des dangers, bref à des choses dont vous n'avez pas de précision exacte.

Lorsque nous lisons la parole de Dieu (la Bible), nous pouvons avoir une connaissance générale des écritures. Mais dans certains cas, pour avoir l'exactitude de ce qui nous concerne vraiment, nous avons besoin de la révélation de la parole de Dieu.

Nous avons besoin d'une parole révélée (Rhema) pour bien avancer dans notre vie selon qu'il est écrit : 'La révélation de tes paroles éclaire, elle donne de l'intelligence aux simples.' (Psaumes 119 :130. Bible segond 1910).

- La révélation vous donne une intelligence des circonstances (Esaïe 30, 21. Bible Segond, 1910)

La révélation vous dit exactement ce qu'il vous faut, à l'instant présent. Vous pouvez être en présence de plusieurs choses (bonnes) sans savoir réellement ce qu'il faut maintenant dans telle ou telle autre circonstance. La révélation vous aide à bien discerner les circonstances, et de trouver la solution optimale parmi plusieurs. Avoir l'intelligence des circonstances passe par la révélation. Pour y arriver, il faut vivre en parité avec le Saint-Esprit, car il est l'esprit de révélation. C'est lui qui connait les choses de Dieu, et qui pourra vous les transmettre. N'est-t-il pas écrit en *1 Corinthiens 2 : 11 : 'Lequel des hommes, en effet, connait les choses de l'homme, si ce n'est l'esprit de l'homme qui est en lui ? De même, personne ne connait les choses de Dieu, si ce n'est que l'esprit de Dieu'. (Bible segond 1910)*

- **La révélation vous donne la modération (Proverbes 29 :18.** *Bible segond 1910)*

Sans révélation, on tombe dans l'activisme religieux. C'est la révélation qui ajuste les voiles, vous donne l'équilibre et la modération nécessaire. Plusieurs d'entre nous, ne sommes pas dans la modération. On est dans l'exagération même de bonnes choses. Or le manque de modération nous épuise, et nous rend irritable et impatient. La bible déclare en Proverbes 25 : 16 ' Si tu trouves du miel, n'en mange que ce qui te suffit, de peur que tu n'en sois rassasié et que tu ne le vomisses.' *(Bible segond 1910)*

- **La révélation affirme votre foi (Galates 1 :12.** *Bible segond 1910)*

Lorsque vous opérez dans la révélation, vous exercez donc votre foi révélée. La plupart des enfants de Dieu qui semblent opérer dans une foi véritable, c'est parce qu'ils vivent dans la révélation. Ils voient des choses que tout le monde ne voit pas, ils entendent des mystères qui ne sont pas à la portée de tout le monde. Tout ceci renferme leur foi, ce n'est pas par hasard.

II.5. LA CONNAISSANCE REVELÉE

La connaissance révélée est ce que vivent les gens qui croissent en Jésus Christ. A l'heure où nous sommes, la connaissance littérale de la Bible n'est pas suffisante. Il se trouve que le fait de connaitre uniquement les versets bibliques par cœur ne t'épargne pas des assauts du Diable systématiquement. Il faut au-delà de cela, avoir la connaissance révélée. La Bible déclare en Psaumes 119 : 130 *(Bible segond 1910) :* 'La révélation de tes paroles éclaire, Elle donne de l'intelligence aux simples'. Ici nous comprenons que pour être éclairé, il faut avoir la révélation des écritures. La croissance spirituelle, nous donne accès à cette connaissance révélée. Tout enfant de Dieu devra aspirer à avoir cette connaissance révélée, pour opérer dans une dimension de compréhension spirituelle. Avoir accès à cette connaissance révélée, exige une croissance en Christ.

II.6. LA CONFIANCE

La révélation nous donne la confiance, car elle nous assure des choses dont l'homme naturel n'a pas pris connaissance. Cette confiance vient de notre capacité de comprendre les choses spirituelles, les choses matérielles qui peuvent se produire dans un futur proche. La bible déclare que le Saint-Esprit nous montera même des choses à venir (Jean 16 : 13. *Bible segond 1910).* Ce sont en effet des choses dont l'œil n'a point vu et les oreilles n'ont point entendues, que nous arrivons à détenir par le Saint-Esprit qui nous donne la confiance en Dieu dans tous les domaines de notre vie.

II.7. LA CONSCIENCE DE LA VERITÉ

Savoir quelque chose et être totalement conscient d'une vérité, c'est deux choses différentes. L'enfant de Dieu qui se nourrit chaque jour de la parole de Dieu devra davantage prendre conscience des vérités bibliques afin d'y être fondées véritablement.

La conscience de la vérité doit d'autant plus être fondée dans la vie du croyant en ce qui concerne la vérité sur Dieu, sa propre identité, et sur des principes universels qui régissent le monde physique et le monde Spirituel.

La conscience de la vérité est basée sur la foi du croyant, parfois dans nos églises locales, on nous apprend beaucoup de choses, mais à l'épreuve du temps, nous oublions beaucoup d'entre elles.

Il arrive même qu'on ait une écoute sélective, sur des messages privilégiés. Des messages qui nous font du bien, ou qui semblent être rationnel, sans pourtant avoir la ferme foi sur la parole révélée de Dieu.

Je pouvais donner une affirmation du genre :

« Nous connaissons beaucoup de choses sur les vérités de la parole de Dieu, mais nous en sommes conscients de quelques peu simplement ». Pour être conscient de la vérité de la parole de Dieu, il faut combattre l'oubli.

Deutéronome 4 :9 « Seulement, prends garde à toi et veille attentivement sur ton âme, tous les jours de ta vie, de peur que tu n'oublies les choses que les yeux ont vues, et qu'elles ne sortent de ton cœur, enseigne-les à tes enfants et aux enfants de tes enfants.» *(Bible segond 1910)*

Deutéronome 6 :12 « lorsque tu mangeras et te rassasieras, garde toi d'oublier l'Éternel, qui t'a fait sortir du pays d'Égypte, de la maison de servitude. *(Bible segond 1910)*

Proverbe 10 :17 « Celui qui se souvient de la correction prend le chemin de la vie, mais celui qui oublie la réprimande s'égare » *(Bible segond 1910)*

Quand on oublie les commandements du seigneur, nous n'avons plus la conscience de la vérité.

La Bible déclare en Jacques 1 : 25. *(Bible segond 1910).*

« Mais celui qui aura plongé les regards dans la loi parfaite, la loi de la liberté, et qui aura persévéré, n'étant pas un auditeur oublieux, mais se mettant à l'œuvre celui-là sera heureux, dans son activité.

Nous réalisons en effet, plonger le regard dans la loi parfaite de Dieu, sa parole ne suffit pas faudra-t-il encore être persévérants et ne pas être un auditeur oublieux.

A quoi ça sert de participer à des séminaires et séminaires, si après, on ne prendra plus le temps d'intérioriser les enseignements (persévérance) à chez soi à la maison etc.). Sinon on risque d'apprécier la parole de Dieu et devenir un auditeur oublieux.

C'est une démarche subtile du diable, il ne vous plonge pas dans des péchés évidents. Il s'organise à ce que vous ne soyez pas conscient de toutes les vérités bibliques de la parole de Dieu, en se servant de la distraction, la superficialité, la négligence, l'activisme religieux et l'incrédulité.

Comment la parole de Dieu pourra être en abondance en nous si nous oublions de jour en jour ce qu'on nous enseigne ?

Le fait d'oublier si facilement témoigne qu'on n'est pas totalement conscients de ce que nous apprenons.

Nous devons réaliser la puissance de la parole de Dieu et d'être en permanence attaché à la vérité malgré les circonstances qui nous entourent.

Etre conscient de qui est Dieu pour nous, de notre identité en Christ, de notre héritage en tant que fils de Dieu, de la protection divine et de promesses de Dieu.

Le niveau de conscience de la vérité pour un enfant de Dieu conditionne sa façon de vivre au quotidien.

II.8. LA SAINE DOCTRINE

2 Jean 1 :9 *« Quiconque va plus loin et ne demeure pas dans la doctrine de Christ n'a point Dieu ; Celui qui demeure dans cette doctrine a le Père et le fils. » (Bible segond 1910)*

La Doctrine est appréhendée de plusieurs manières. Ce concept a autant de significations suivant le contexte dans lequel il est employé.

Pour ce qui nous concerne, autre les autres significations, la doctrine est comprise ici comme :

1° Les enseignements de base d'une religion, d'une communauté.

2° La doctrine regroupe des enseignements piliers qui demeurent statiques dans toute croyance.

3° L'essence d'une religion sur laquelle s'appuie la foi

4° Les fondations d'une foi.

Il est important de parler de la saine doctrine car plusieurs fausses doctrines se sont installées et propagées dans le monde.

A ce jour, il existe plusieurs religions qui semblent enseigner les bons principes de moralité, les principes du succès sur la terre, mais qui ne sont pas fondées sur Christ.

Ils se servent d'une partie de l'évangile, pour se camoufler dont l'essence de leur religion n'est pas la prédication de la croix.

Le problème n'est pas le fait qu'ils prêchent la bonne moralité parfois ou d'autres principes de la vie quotidienne, le problème est qu'elles ne sont pas fondées sur Jésus Christ, elles ne résolvent pas la question du péché et même de l'éternité. Les leaders de ces sectes vendent des illusions au peuple non éclairé et l'entretient prisonnier par ces fausses doctrines.

C'est pourquoi, nous allons voir quelques fondamentaux de la sainte doctrine, celle de Christ ou de la vie Chrétienne.

1° La saine Doctrine est basée sur Jésus Christ. (1 Corinthiens 3 :11. *Bible segond 1910)*

Jésus Christ est le fondement de la saine doctrine ou de la vie Chrétienne. Il est même la raison de notre foi. Il est Dieu, en lui habite corporellement toute la plénitude de la divinité. Il était, avec le père, il venu sauvé l'humanité, il est reparti, tout en laissant l'église sous l'égide du Saint Esprit.

Peu importe ce qu'une doctrine enseigne, peu importe ce qu'une religion prétend transmettre à ses fidèles, en terme de bons principes d'une vie en communauté, la moralité ou la Science, si celle-ci ne se fonde pas sur Jésus Christ, elle se serre simplement de choses qui ne sont pas mauvaises en soi pour se dissimuler, n'est pas la bonne doctrine.

2° La Saine Doctrine est basée sur la foi en Dieu (Hébreux 6 :2)

La Saine doctrine reconnait que c'est Dieu, le créateur du ciel et de la terre qui est notre force. C'est lui notre pourvoyeur, qui nous donne l'intelligence, la Sagesse, la connaissance et assouvit tous nos besoins.

La Saine doctrine de Jésus Christ dans la vie du croyant leur pousse à demeurer inébranlables dans la foi, tout en se confiant à Dieu le Tout puissant.

Toute religion qui semble enseigner l'indépendance de l'homme vis-à-vis de son créateur, est une fausse religion, voire une secte qui veut éloigner la créature de son créateur.

Une doctrine qui renie la puissance de Dieu dans ses attributs et pousse l'homme dans développement personnel exclusif est simplement une doctrine de perdition.

3° La Saine doctrine est basée sur la doctrine des BAPTÊMES (Hébreux. 6 :2. *(Bible segond 1910)*

Dans Marc 16 : 16 (Bible segond 1910), Il est écrit : « Celui qui croira et qui sera baptisé sera sauvé, mais celui qui ne croira pas sera condamné. »

La doctrine des baptêmes fait partie des fondations de la vie Chrétienne, elle constitue en effet un engagement de bonne conscience d'une personne envers Dieu. (1 Pierre 3 : 21. *Bible segond 1910).*

Se référant au baptême de notre Seigneur et Sauveur Jésus Christ, celui-ci doit être par immersion en général, et il doit intervenir lorsqu'une personne croit en Jésus Christ et décide délibérément à se faire baptiser afin de se dédier à Dieu pour le restant de ses jours.

Comme vous pouvez le réaliser, le baptême des enfants n'a aucune signification et que ce dernier n'a aucun fondement biblique avéré.

Il s'inscrit simplement dans une pratique religieuse hors sens prônée par certaines congrégations qui s'appellent Chrétiennes.

L'enfant ne doit pas être baptisé car à lui seul, il ne peut pas opérer un choix, pour croire et décider de se consacrer à Dieu par le baptême.

4° La Saine Doctrine est basée sur l'imposition des mains (Hébreux 6 : 2. Bible segond 1910)

Il y a certaines religions qui ne croient pas à la doctrine de l'imposition des mains. Ces dernières considèrent cette dernière comme diabolique et ne pourra pas avoir une signification tout à fait spirituelle.

Et pourtant la doctrine de l'imposition des mains est biblique.

Jésus-Christ a imposé les mains aux malades et ces derniers furent guéris. Les disciples l'ont fait également. Certains ont reçu de l'onction par l'imposition des mains des prophètes, etc.

Il est donc spirituel de croire à la doctrine de l'imposition des mains dans l'église de Dieu, car à travers celle-ci, Dieu se manifeste par plusieurs signes.

5° La saine doctrine croit à la résurrection des morts (Hébreux 6 :2. *Bible segond 1910)*

Actes 24 :15 « et ayant en Dieu cette espérance, comme ils l'ont eux-mêmes, qu'il y aura une résurrection des justes et des injustes » *(Bible segond 1910)*

La saine doctrine fondée sur Jésus Christ croit à la résurrection des morts au temps marqué par Dieu.

Certaines religions enseignent le contraire, insinuant que si on meurt, c'est fini pour toi, il faut donc profiter de la vie car après ta mort, il ne reste plus rien, on disparait comme si on avait jamais existé. De tels enseignements empoisonnés par le monde des ténèbres plongent les gens dans une sorte d'aveuglement face à l'éternité et à la recherche acharnée du plaisir sur la terre sans se soucier de Dieu, ni de sa parole.

Par ailleurs, certains enseignent des hérésies après la mort, à une forme de réincarnation sous une autre forme, ainsi de suite. Des enseignements de fausses doctrines qui offrent l'espoir gratuit de vivre à sa guise après la mort ici-bas.

Toutes ces religions sont encrées du SATANISME et veulent voiler à tout prix les humains à la vérité irréversible sur l'éternité.

La résurrection des morts est un espoir de la vie Chrétienne face à la mort physique.

La résurrection de Jésus-Christ est une preuve tangible qu'il y aura la résurrection des morts.

D'ailleurs, faut-il encore le préciser, la résurrection en Jésus Christ est le fondement de la foi CHRETIENNE.

6° La Saine doctrine, croit au jugement éternel (Hébreux 6 :2. *Bible segond 1910)*

Hébreux 9 :27 « Et Comme il est réservé aux hommes de mourir une seule fois, après quoi vient le jugement. » *(Bible segond 1910)*

C'est la question sensible à laquelle il faudra de toute façon s'en souvenir. Il est écrit en *Ecclésiaste 3 :11. « Il fait toute chose bonne en son temps ; même il a mis dans leur cœur la pensée de l'éternité, bien que l'homme ne puisse pas saisir l'œuvre que Dieu fait, du commencement jusqu'à la fin. (Bible segond 1910)*

L'éternité va se sanctionner par un jugement éternel. Soit on passe l'éternité avec Dieu (Jésus Christ) dans sa présence, soit on passe son éternité dans un feu éternel qui ne s'éteint point qui est l'enfer.

Il n'y a pas de juste milieu ou l'étape transitoire de redéfinir sa vie après la mort, qualifiée de « PIRGATOIRE ». Ce purgatoire n'existe pas. C'est une fouteuse d'invention, un espoir vain et ridicule.

On arrange sa vie quand on est encore vivant sur la terre, et non après sa mort.

Jésus Christ jugera à travers sa parole les vivants et les morts soit pour la vie éternelle soit pour une perdition éternelle, loin de la face de Dieu en enfer…

Deuxième partie
LES COMPLEXITÉS DE LA VIE CHRÉTIENNE

(Les complexités de la vie chrétienne sont à l'origine de la fatigue, de la frustration, et le manque de joie dans la vie des croyants).

CHAP III. LES DESÉQUILIBRES DE LA VIE CHRÉTIENNE

Après la conversion en Christ, l'enfant de Dieu croit de plus en plus. C'est dans cette phase de croissance spirituelle qu'il fera face à beaucoup de complexités qui semblent l'embrouiller dans sa vie chrétienne. Cette partie s'avère très indispensable, car elle fait partie même de l'essence première du livre.

III.1. LE LEGALISME ET LA CULPABILITÉ

Le désir de plaire à Dieu anime tout enfant de Dieu, cependant le Diable dans sa subtilité se serre de ce désir pour créer peu à peu dans le chef de l'enfant de Dieu le sens du légalisme et même de la culpabilité.

III.1.1. LE LEGALISME

Le légalisme est le fait de vouloir appliquer la parole biblique à la lettre. Elle ne se base pas essentiellement sur l'esprit qui anime les écritures mais simplement sur la pratique de la loi.

Le légalisme est subtil. En premier abord, on cherche à tout prix à aligner sa vie à la parole de Dieu, ce qui est une bonne chose, lorsqu'on veut gagner l'Amour de Dieu par ses bonnes œuvres, on glisse vers la loi, par ricochet vers le légalisme.

L'enfant de Dieu devra avoir la compréhension spirituelle des écritures au lieu de la compréhension littérale de la parole de Dieu.

Le légalisme sonde la parole de Dieu dans un esprit de la loi et voit presque partout des interdictions, des détails, sans importance auxquels l'enfant de Dieu devrait se conformer. La volonté de vouloir se conformer à ce légalisme rend la vie Chrétienne lourde et impraticable et l'esprit du Chrétien tombe dans une complexité voulant certainement vivre selon la parole de Dieu.

Le légalisme traite de manière biaisée la question sur la mondanité. Il se force à vouloir à l'extrême pousser l'enfant de Dieu à pouvoir maintenir à l'excès certains faits relatifs à l'habillement, le manger, le boire la démarche, tellement des détails dont l'observation de ces choses devient pernicieux et quasiment loin de l'esprit de la grâce.

Dans Colossiens 2 : 20-22 : ' Si vous êtes morts avec Christ aux rudiments du monde, pourquoi, comme si vous viviez dans le monde, vous impose-t-on ces préceptes : Ne prends pas! ne goûte pas ! ne touche pas ! préceptes qui tous deviennent pernicieux par l'abus, et qui ne sont fondés que sur les ordonnances et les doctrines des hommes. (Bible segond 1910)

Dans ces conditions, le légalisme veut s'appuyer sur la loi qui ne peut sauver personne.

Le légalisme ne veut pas obéir au Saint Esprit, il se limite simplement au respect des pratiques religieuses qui ne transforment personne.

Il est en effet, une religion basée sur l'extérieur et pourtant les gens vivent hypocritement dans les péchés.

La vie Chrétienne ne nous fournit pas une liste des choses à faire, ou une liste des choses à ne pas faire. La vie Chrétienne nous apprend simplement une bonne manière de vie, dans la transformation de l'homme nouveau par la sagesse.

C'est une façon mauvaise d'appréhender la vie Chrétienne, se basant sur des choses à abandonner, au lieu de miser sur la communion avec le Saint-Esprit.

L'enfant de Dieu ne devra pas aborder la Bible sous l'esprit de la loi. Il ne devrait pas se limiter sur ce qui est écrit littéralement dans la Bible, mais à pouvoir comprendre la pensée de Dieu derrière les écritures.

S'il faut le dire autrement, le légalisme comprend les choses de Dieu à l'envers mais se basant quand même sur les écritures.

Un autre aspect du légalisme, c'est dans le sens strict de l'observation de la loi. La Bible déclare que la loi a été donnée par Moise mais la grâce et la vérité sont venues avec Jésus-Christ (Jean 1 : 17. *(Bible segond 1910)*. Ceci dit, le légalisme n'arrive pas à faire une distinction entre la nouvelle alliance et l'ancienne alliance. Celle basée sur de pierres et celle basée sur le cœur.

Le légalisme defocalise l'enfant de Dieu sur la vérité et les priorités selon Dieu, en voulant le focaliser sur l'observation des pratiques religieuses qui n'ont rien à avoir avec la foi Chrétienne.

On ne devient pas chrétien parce qu'on a le souci de faire de bonnes choses, on devient Chrétien par l'œuvre du saint Esprit qui nous aide à pratiquer les bonnes choses. Le légalisme déséquilibre la vie de l'enfant de Dieu et complique sa vie chrétienne dans sa croissance.

La vie légaliste n'offre aucune paix à personne car on n'aura jamais la sensation d'accomplir toute la loi. Le légalisme, l'allié de la loi met en évidence notre culpabilité face aux exigences de la parole de Dieu. De fois, il va au de là de ce qui est écrit dans la bible, et se base sur l'interprétation hors contexte des vérités bibliques. Le légalisme ne devra pas être un mode de vie d'un enfant de Dieu, il doit être abandonné comme la prédication de la loi, pour s'attacher véritablement à Jésus Christ qui est venu avec la grâce et la vérité.

III.1. 2 LA CULPABILITÉ

« En effet, la tristesse selon Dieu produit une repentance à salut dont on ne se repent jamais, tandis que la tristesse du monde produit la mort. » précise 2 Corinthiens 7 :10 (Bible segond 1910)

La culpabilité est un sentiment qui peut détruire une personne de l'intérieur. Il ne se limite pas seulement avec le fait de reconnaitre ses pêchés pour s'en repentir, mais elle va plus loin jusqu'à amener la personne à se focaliser sur ses pêchés ou ses fautes soumis arrêt.

La culpabilité amplifie les défauts, les pêchés d'un enfant de Dieu, à l'amenant même à douter de l'Amour de Dieu, du pardon de Dieu et à se faire la pression pour rien.

La culpabilité est favorisée par le légalisme, car elle est la résultante d'une vie basée sur la loi que sur la grâce de Dieu.

Elle est l'instrument qu'utilise le Diable pour faire douter de l'Amour de Dieu, en amenant les enfants de Dieu à compter sur leurs propres œuvres ou sur leurs propres actes au lieu de se baser sur le sacrifice de Jésus Christ.

La tristesse selon Dieu produit une repentance à salut et non une culpabilité permanente tandis que la tristesse du monde produit la mort.

L'enfant de Dieu devra faire très attention pour ne pas être piégé par le Diable dans ce sens.

Il faut simplement confesser ses péchés au lieu d'être sous le fardeau de la culpabilité.

- **LES STRATEGIES DU DIABLE POUR MAINTENIR LES GENS SOUS LA CULPABILITE**

Le Diable utilise tous les stratagèmes possibles pour vous pousser à rester prisonnier de la culpabilité. Cela, pour pourrir ta communication avec Dieu, et t'empêcher d'avancer.

Nous allons voir certaines de ses stratégies formelles et déguisées qu'il utilise à l'égard des enfants de Dieu.

a) **Le Diable nous retient prisonnier de la culpabilité à vous accrochant à votre minable passé.**

On ne cessera jamais de le dire autant. Plusieurs personnes vivent dans le passé c.-à-d. dans le regret suite aux occasions qu'ils ont ratées, aux pires péchés qu'ils ont commis, de la négligence qu'ils ont manifesté à des sujets cruciaux de leur vie, au regret de ne pas assister leurs familles, leurs amis, etc. il y a tellement des sujets dans le passé qui font partie de notre vie dont on est pas fiers. Cela fait que la plupart des gens ne sont pas fiers d'eux-mêmes et vivent dans le passé par conséquent. Ils n'arrivent pas à profiter de l'instant présent par la grâce de Dieu et face au futur, ils sont aux proies à des pesantes incertitudes.

La culpabilité est le fait de se considérer et de se condamner soi-même comme coupable pour tel ou tel autre fait qu'on se reproche. Elle peut être basée sur des faits réels ou tout simplement sur des faits imaginaires. Dans tous les cas de figure, elle va vous ruiner la vie et vous détruire à petit feu. Plus la culpabilité devient persistante, elle met en place l'amertume, plus l'amertume s'installe en vous, elle vous voler votre joie de vivre qui vous conduira immanquablement vers la destruction. Dans le contexte présent, le Diable peut vous retenir prisonnier de la culpabilité à cause de votre passé. Cela peut être dû aux péchés que vous avez commis. Cet aspect est très subtil, il peut arriver que vous avez connu un passé qui laisse à désirer, et même si vous vous êtes repenti, à chaque fois que les choses ne marchent pas, vous remettez en cause le pardon de Dieu, et vous vous questionnez si vraiment Dieu vous avez déjà pardonné.

Dieu lui-même précise qu'il ne se souviendra plus de vos péchés.

En Ésaïe 43 : 25, l'Eternel dit : ' C'est moi, moi qui efface tes transgressions pour l'amour de moi, Et je ne me souviendrai plus de tes péchés.' (Bible segond 1910). N'est-ce pas génial et rassurant !

Le Diable peut vous faire regretter notre passé dans le but de vous culpabiliser par rapport aux occasions que vous n'avez pas pu saisir, ça peut être bien sûr par votre nonchalance, votre paresse, etc.

Le Diable essaiera de vous faire croire que celles-là, étaient les seules opportunités de ta vie que Dieu t'a accordées que tu n'as pas pu saisir.

Et si vous vous recherchez encore, et que les problèmes vous tombent encore dessus. Il va noir sur blanc vous démontrer combien de fois, c'est vous qui êtres responsable de votre condition de misère.

Et même si c'est le cas, rassurez-vous que l'amour de Dieu va au-delà de vos erreurs et que Dieu est capable d'agir et vous mettre encore en face à de nouvelles opportunités.

Rappelez-vous simplement que *Les bontés de l'Éternel ne sont pas épuisées, ses compassions ne sont pas à leur terme ; Elles se renouvellent chaque matin. Oh! que sa fidélité est grande! (Lamentations 3 : 22-23. Bible segond 1910).*

b) Le Diable maintient les gens dans la culpabilité en leur montrant les péchés partout.

Le Diable sait que vous avez le désir énorme de plaire à Dieu et de vivre selon sa parole. Cependant dans votre poursuite de plaire à Dieu, vous allez mettre la barre dans la perfection, ce qui n'est pas possible par vos efforts humains. La perfection, c'est Dieu lui-même qui nous perfectionnera. La Bible déclare en *1 Pierre 5 : 10 'Le Dieu de toute grâce, qui vous a appelés en Jésus Christ à sa gloire éternelle, après que vous aurez souffert un peu de temps, vous perfectionnera lui-même, vous affermira, vous fortifiera, vous rendra inébranlables. (Bible segond 1910)*

Mon point est que le Diable fera tout pour voir une erreur, voire une imprudence pour vous convaincre du péché. Son idée n'est pas de vous amener à la repentance, mais à développer en vous une telle conscience exagérée et pervertie du péché afin que vous voyez le péché partout c.-à-d. dans ce que vous faites, vous mangez, les endroits, où vous allez … il va créer un mélange très bizarre entre ce qui est péché et ce qu'il ne l'est pas pour vous pousser peu à peu dans la confusion.

L'idée est de vous épuiser, vous faire fatiguer de la vie Chrétienne afin que vous puissiez même croire qu'il est impossible de vivre la vie Chrétienne et vous poussez à l'extrême de ce que Dieu dit dans son amour. Dieu ne vous appelle pas à atteindre la perfection par vos propres efforts, il vous appelle à dépendre du saint Esprit, car c'est lui qui le fera.

Rappelez-vous que la Bible appelle également le Diable *'l'accusateur de nos frères'. (Apocalypse 12 : 10. Bible segond 1910)*

c) Le Diable maintient les gens dans la culpabilité en leur faisant croire qu'ils sont toujours responsables du malheur des gens en permanence.

Il est bon de se soucier des autres avec amour. L'Amour du prochain est l'enseignement basique et important dans le témoignage en tant qu'enfant de Dieu.

Je voudrai que vous puisiez me comprendre le contexte dans lequel j'aborde ce sujet. Loin de moi l'idée de favoriser l'égoïsme à l'égard de l'altruisme. Cependant il doit y avoir un équilibre sinon nous allons nous compliquer la vie pour rien.

Paul précise également en *2 Corinthiens 8 : 12 que ' La bonne volonté, quand elle existe, est agréable en raison de ce qu'elle peut avoir à sa disposition, et non de ce qu'elle n'a pas. (Bible segond 1910)* De fois, en tant qu'enfant de Dieu, nous nous mettons trop la pression sur soi, et nous nous sentons obligés d'aider telle ou telle autre personne ou d'apporter les réponses à toutes les questions et problèmes de l'humanité. Permettez-moi cette hyperbole.

L'intention est bonne et non biblique. Vous avez été créé pour une mission précise, et vous devez opérer dans la limite de la volonté de Dieu. Vous allez aider les gens, que vous êtes capables d'aider et de secourir. Il ne suffit pas de se détruire soi-même, pour soulager les autres. Vous n'êtes pas obligé de vous rendre responsable de tout ce qui arrive aux humains. Il peut arriver que vous ayez manifesté un peu de légèreté face aux problèmes des autres, au lieu de les accorder de l'attention. Vous devez simplement vous confesser et réaliser que ce n'est pas une fatalité à laquelle vous allez vous y accrocher. Ne soyez pas dur avec vous-même, Dieu (Jésus Christ) lui-même dans son humanité, n'avait pas guéri tous les malades de la planète, il n'avait pas ressuscité tous les morts, il n'avait pas donné aux hommes tout ce qu'ils avaient besoin.

Il y avait beaucoup de lépreux, seul Naaman qui avait bénéficié de la grâce (2 Rois 5 : 4-17. *Bible segond 1910)*. Il y avait plusieurs veuves, mais c'est vers la veuve de serpenta où Elie a été envoyé (1 Rois 17 : 9-10. *Bible segond 1910)*. Cela dit, restons équilibré dans l'amour du prochain.

Demeurons dans la paix avec Dieu par Jésus-Christ notre seigneur et sauveur.

III.2. LA PRESSION PERSONNELLE

La pression personnelle n'est pas la persévérance.

Être en mesure de différencier subtilement la pression personnelle et la persévérance, est le bien-fondé de cette partie.

Dans notre vie chrétienne, nous sommes appelés à être diligents, persévérants dans la pratique de la parole de Dieu.

Un enfant de Dieu est appelé à proscrire la négligence, la paresse, l'inactivité dans sa vie, sinon il ne pourra pas expérimenter toutes les promesses attachées à son rachat par le sang de Jésus Christ.

Contrairement à cela, la pression personnelle est l'attitude contraire à la volonté de Dieu.

Elle se manifeste par deux attitudes :

III.2.1. L'attitude de compter uniquement sur ses efforts sans tenir compte de la grâce de Dieu.

La Bible dit en *2 Corinthiens 3 : 5 ' Ce n'est pas à dire que nous soyons par nous-mêmes capables de concevoir quelque chose comme venant de nous-mêmes. Notre capacité, au contraire, vient de Dieu. (Bible segond 1910).*

L'enfant de Dieu peut avoir des initiatives, il doit fournir des efforts bien-sûr, il faut qu'il réalise que la grâce de Dieu doit l'accompagner dans tout ce qu'il fait sinon il risque de se faire la pression sur des choses qui ne sont pas couvertes par la grâce de Dieu, qui peuvent devenir des fardeaux pesants. Et à force de se faire la pression sur soi, on risque de tomber dans l'assoupissement (spirituel).

III.2.2. L'attitude de s'imposer des choses dont Dieu ne vous a même pas demandées

Nous allons d'abord démontrer comment nous savons que nous voulons faire des choses dont Dieu ne nous a même pas demandées. Lorsque nous voulons faire des choses qui sont motivés par la rivalité, nous voulons faire des choses pour prouver à telle ou telle autre personne et pour une gloire personnelle.

Nous ne devons pas nous faire la pression dans de tels contextes, car la grâce de Dieu ne nous accompagne pas dans ce domaine.

Intériorisons ce que la Bible nous dit en 1 Corinthiens 10 : 31 ' Soit donc que vous mangiez, soit que vous buviez, soit que vous fassiez quelque autre chose, faites tout pour la gloire de Dieu'. (Bible segond 1910).

CHAP IV. LA COMPLEXITÉ DANS LA POURSUITE DE LA VOLONTÉ DE DIEU

L'enfant de Dieu au cours de sa croissance spirituelle fait face à beaucoup de complexités dans sa vie chrétienne. Cette complexité n'est pas due par le fait qu'il n'est pas enfant de Dieu, il est dû par le fait qu'il a encore beaucoup de choses à apprendre, non seulement à apprendre, mais aussi à expérimenter. Il devra aussi apprendre à vivre en parité avec le Saint-Esprit, en exécutant bien sa part, tout en respectant celle de Dieu.

IV.1. LE DYNAMISME DANS LA VOLONTÉ DE DIEU

La poursuite de la volonté de Dieu est ce que tout chrétien cherche à savoir dans sa vie au quotidien. Cependant, connaitre exactement la volonté de Dieu, n'est pas évident car la volonté de Dieu est dans le dynamisme. La volonté de Dieu, on la connait généralement à travers sa parole et le Saint-Esprit. On peut lire la bible et connaître en globalité la parole de Dieu, mais connaître exactement ce que Dieu dit passe obligatoirement par une communication avec Dieu par le Saint-Esprit. On cherche à connaitre la volonté de Dieu sur notre vie en rapport avec notre profession, notre mariage, notre voyage, nos enfants, nos études, nos choix, nos décisions, etc. Bref, on veut connaître la volonté de Dieu sur tout. On ne veut pas se perdre et on veut à tout moment être validé par Dieu dans tout ce que nous faisons, c'est dans cette belle intention où les problèmes surgissent, où on trouve parfois des difficultés à faire la différence entre notre volonté (qui ne peut pas être forcément mauvaise), la volonté de Dieu, ce que le monde ou Satan essaient de nous communiquer, etc.

V.1.1. LA VOLONTÉ GÉNÉRALE DE DIEU

La volonté générale de Dieu est celle qui est déjà écrite noir sur blanc dans la bible concernant par exemple les fondamentaux d'une foi en christ et de certains principes de vie universelle à appliquer dans notre existence en ce qui concerne les travaux, le mariage, etc. de manière générale. Il est écrit en *Psaumes 119 : 105 ' Ta parole est une lampe à mes pieds, et une lumière sur mon chantier.' (Bible segond 1910)*

En illustration, certains enseignements de Paul concernant l'autorité, l'église, le travail, et la sagesse contenue en proverbes et ecclésiastes.

Pour cette volonté générale, nous n'avons pas besoin que Dieu parle par révélation de temps en temps, ce sont déjà des vérités mentionnées dans la bible que nous devons déjà appliquer dans notre vie.

Cela n'empêche pas que Dieu ouvre spécialement tes yeux sur un verset pour donner une interprétation particulière, qui fait partie déjà de la volonté particulière de Dieu.

IV.1.2. LA VOLONTÉ PARTICULIERE DE DIEU

C'est ici que le problème commence. La volonté particulière de Dieu est personnelle, elle est précise, c'est elle qui découle de la volonté générale, on ne juge pas la volonté particulière de Dieu parce qu'elle parait bonne ou satisfaisante, par contre on la juge bonne simplement parce que c'est la révélation qu'en a reçu de Dieu.

C'est elle qui apporte la précision sur ce que tu dois faire maintenant. Elle répond à la question quoi faire ? Comment le faire, où le faire ? Avec qui le faire ? Quand le faire ?

Ce sont ces questions fondamentales qui régulent notre vie, la connaissance littérale de la bible ne peut pas venir aider à répondre à ces questions car vous risquez de vous approprier certains versets de la bible sortis de leurs contextes, ou qui ne peuvent pas s'appliquer à vous selon la saison dans laquelle vous vivez. Cette volonté particulière de Dieu peut-être parfaite, lorsqu'elle est exactement la volonté de Dieu pour toi, elle peut être permissive lorsque Dieu permet une certaine chose pour toi lorsque c'est toi qui y tiens vraiment et qui supplie à larmes Dieu pour qu'il t'offre ceci ou cela ou te permettre ceci ou cela. Mais cette volonté ne s'inscrit pas dans le plan parfait de Dieu pour toi bien qu'elle ne soit pas en elle-même une perversion.

Alors, comment connaitre cette volonté particulière de Dieu, car en toute sincérité, c'est elle dont nous en avons besoin.

La volonté particulière de Dieu, on la reçoit soit par révélation, par conviction ou par une circonstance particulière. Nous pouvons lire la bible et le Saint-Esprit attire notre attention sur un verset précis, qui est la solution à notre problème, soit par une révélation d'une voix audible peut-être d'une parole qui n'est même pas écrite dans la bible.

'Car tout est dans la bible mais tout n'est pas écrit'.

Cette volonté particulière peut nous être communiqué par un songe, une prophétie, un concours de circonstance car Dieu parle tantôt d'une manière ou tantôt d'une autre. *Job 33 : 14 dit ' Et pourtant, Dieu nous parle, tantôt d'une manière et puis tantôt d'une autre. Mais l'on n'y prend pas garde. (Bible de Semeur)*

Il s'avère donc indispensable d'être conscient que christ habite en nous et d'être sensible à la voix du Saint-Esprit

IV.1.3. LA VOLONTÉ DE L'HOMME DANS LE CADRE DE LA FACE B DE LA VOLONTÉ DE DIEU

C'est curieux de parler de la face B de la volonté de Dieu. Où est la face A alors ? A chaque fois qu'on parle de la volonté, on se met dans une dynamique de la volonté générale et particulière de Dieu, dans ce sens on se met à attendre ce que Dieu dit ou donne comme instruction pour faire telle ou telle autre chose, c'est attitude est bonne car l'intention est bonne. Elle veut faire de la volonté de Dieu le centre de la vie du croyant, cette attitude bien qu'elle soit bonne peut avoir un revers qui puisse nous plonger dans une certaine passivité.

Parler de la phase B de la volonté de Dieu c'est reconnaître que Dieu a donné à l'homme bien qu'il soit chrétien à faire ce qu'il veut par lui-même par certains détails de sa vie. Dans ce sens, Dieu ne met que les garde-fous, tout en vous laissant la liberté de faire ce que vous voulez.

Ecclésiastes 9 : 10 nous dit ' Tout ce que ta main trouve à faire avec ta force, fais-le ; car il n'y a ni œuvre, ni pensée, ni science, ni sagesse, dans le séjour des morts, où tu vas. (Bible segond 1910).

Il y a certains sujets de nos prières où nous pensons que Dieu ne nous exauce pas, ou ne nous donne pas encore le feu vert, et pourtant Dieu depuis toujours a déjà donné l'aval d'agir, de faire ce que nous voulons.

La plupart de gens en voulant tellement être sûrs de la volonté de Dieu, restent trop passifs, ont peur de se tromper, ils attendent écouter une voix audible avant d'approcher par exemple telle ou telle autre personne ou faire ceci ou cela, et pourtant le domaine dans lequel ils attendent que Dieu parle s'inscrit dans la face B de la volonté de Dieu. Ne pas être en mesure de différencier la volonté générale de Dieu, la volonté particulière de Dieu, et la face B de la volonté de Dieu va nous maintenir dans une complexité de la vie chrétienne.

IV.2. LA PEUR DE POUVOIR SE TROMPER

La peur de pouvoir se tromper dans la poursuite de la volonté de Dieu pousse les gens à développer inconsciemment une sorte de peur, qui paralyse leur capacité d'action.

La bible déclare que nous n'avons pas reçu un Esprit de timidité pour avoir peur.

2 Timothée 1 : 7 précise ' Car ce n'est pas un esprit de timidité que Dieu nous a donné, mais un esprit de force, d'amour et de sagesse'. (Bible segond 1910).

Nous devons être conscients lorsque nous avons l'Esprit de Dieu, C'est lui qui nous conduit dans toute sa vérité.

Nous ne devons pas avoir peur de se tromper, car Dieu par le Saint-Esprit alignera sa volonté à travers nos pensées pour bien agir et bien nous comporter.

Dans notre humanité, entant qu'être humain, il peut nous arriver de nous tromper par moment, mais cela n'est pas une raison de développer la crainte de pouvoir se tromper. La peur est un sentiment qui paralyse la vie d'une personne encore bien plus la vie du Chrétien.

Le Diable sait que aussi longtemps il nous maintient dans la peur, surtout celle de pouvoir se tromper, il avorte votre productivité et votre capacité d'agir.

Il faut avoir la foi en Dieu et savoir agir sur base de sa parole.

IV.3. LA CONSCIENCE DE SON HUMANITÉ

Il est vrai que nous sommes des êtres humains, mais nous sommes avant tout des êtres spirituels. La conscience de notre humanité peut nous empêcher à expérimenter la vie de la nouvelle création. Il y a certaines promesses de Dieu et certaines vérités spirituelles de la parole de Dieu qui sont insaisissables par notre intelligence et par notre raison. C'est pourquoi nous devons prendre conscience que nous sommes une nouvelle création dotée des capacités spirituelles capables de transcender les lois de la nature et opérer dans la dimension de la foi en Jésus Christ.

En tant qu'enfant de Dieu, nous ne pouvons pas vivre naturellement notre vie comme tout le monde, nous devons être également capables de manifester notre divinité sur cette terre des hommes. La bible déclare que ce qui est né de la chair est chair et ce qui est né de l'Esprit est Esprit. Nous avons expérimenté la nouvelle naissance et nous devons vivre selon l'homme nouveau crée selon Dieu.

À chaque fois que le diable veut vous limiter dans votre épanouissement spirituel, il cherchera à vous faire prendre conscience, beaucoup plus votre humanité que votre divinité.

C'est ce que Jésus Christ lui-même a vécu dans son époque, les gens pouvaient se limiter à son humanité en tant que fils de Joseph le charpentier et de marie au lieu de voir ce qu'il est véritablement c.-à-d. fils de Dieu.

En parlant de Jésus Christ, *en Matthieu 13 : 55, il est dit ' N'est-ce pas le fils du charpentier ? n'est-ce pas Marie qui est sa mère ? Jacques, joseph, Simon et Jude, ne sont-ils pas ses frères ? (Bible segond 1910).*

L'autre but du diable est de vouloir tordre votre identité en Christ, en rabaissant les standards au niveau de l'être humain pour corrompre votre jugement sur les vérités bibliques.

Comment savoir si vous prenez trop conscience de votre humanité que votre divinité ? C'est lorsque, votre valeur, votre capacité, votre identité sont basées beaucoup plus sur des critères humains. Ce n'est pas l'apparence, l'argent et les biens que vous possédez qui définissent votre valeur.

En dehors du corps humain que nous possédons, nous devons réaliser que nous sommes avant tout Esprit et que les critères spirituels transcendent les critères humains.

Puisse Dieu nous aider à comprendre effectivement, ce que nous sommes devenus en Jésus Christ, afin que nous prenions trop conscience de notre divinité que de notre humanité.

IV.4. LE DYNAMISME DANS LA MONOTONIE DE DIEU

Dieu est le même hier, aujourd'hui et éternellement. En lui, il n'y a aucune ombre de variation, Il est le Dieu Créateur, éternel qui ne change pas, ces attributs sont inchangeables, rien n'échappe ou n'échappera pas à son contrôle.

Cette immuabilité, fait de lui l'être suprême, parfaitement constant dans toute sa nature, c'est ce que j'appelle la monotonie de Dieu.

La monotonie de Dieu devra être comprise que Dieu est celui qui agit constamment en conformité avec sa parole. Ceci ne veut pas dire qu'il ne fait pas de choses nouvelles.

Sa parole ne change pas. Elle est monotone. Dieu dans sa nature ne s'adapte pas à nos mœurs, à notre culture, à notre façon de faire mondaine. Dans toutes les générations, il reste Dieu, et sa nature reste constante, il est celui qui agit dans l'histoire avec ceux qui nous ont précédé, il est encore celui qui agit maintenant avec nous.

Le dynamisme dans la volonté de Dieu signifie que même si Dieu ne change pas dans toute sa nature mais sa façon de faire est dynamique.

Il n'est pas obligé de reproduire les mêmes schémas du passé, il peut faire des nouvelles choses par de nouvelles procédures.

Lorsqu'on ne comprend pas le dynamisme de Dieu dans sa façon de faire, on risque d'être déçu car on prend la bible comme un livre de recettes.

Certainement, dans la bible il y a des principes à appliquer dans toutes les générations, mais tout n'est pas pareil, il faut être en mesure de comprendre la volonté de Dieu dans toutes les possibilités qui se présentent.

Jésus Christ lui-même voulant démontrer son dynamisme dans sa façon de faire bien qu'il est le même hier, aujourd'hui et éternellement (hébreux 13 :8. *Bible segond 1910)*, il n'a pas guéri toutes les personnes de la même manière, à l'instar des aveugles. À l'un, il a appliqué de la boue avec sa salive simplement (Jean 9 :6. *Bible segond 1910)*, l'autre, il fallait qu'il aille se laver dans la rivière (Jean 9 : 7. *Bible segond 1910)* etc. Ceci est l'un parmi tant d'exemples.

Dans notre marche avec le seigneur, nous ne devons pas rester bornés par certaines façons de faire qui peuvent même être bibliques mais qui cependant peuvent être de procédures non validées de Dieu.

Dieu dans toutes les possibilités qui peuvent se présenter dans notre vie, Dieu aura sa manière de faire, il est le Dieu multi système comme on le dit souvent. Il faut être à l'écoute de l'instruction prophétique à certains détails de votre vie, au lieu d'appliquer la parole de Dieu à notre manière.

Dans tout, c'est juste une question d'équilibre et de l'écoute du Saint-Esprit. Puisse Dieu nous aider dans sa façon de faire à comprendre.

CHAP V. DE LA DEDUCTION À L'INDUCTION SPIRITUELLE

Le titre du chapitre semble d'emblée quelque peu incompréhensible dans sa compréhension littérale. Cependant, il fait partie d'une grande révélation que le Saint-Esprit m'a éclairé sur le sujet dans ma croissance avec le seigneur.

Dans la vie Chrétienne, nous utilisons la bible comme notre constitution céleste, elle nous aide ainsi à comprendre la pensée de Dieu dans tous les domaines de notre vie.

La déduction de manière plus simple, c'est partir d'un cas général au cas particulier.

Exemple : Tous les hommes dorment

Or Christian est un homme.

Donc Christian dort

Loin de moi l'idée de faire de cette partie, un chapitre consacré à la philosophie. Toutes fois, je pars de ce que les gens comprennent facilement pour expliquer les vérités bibliques Dans cette logique, nous nous basons à ce qui arrive à tout le monde pour conclure à ce qui arrive à Christian pourquoi ? Parce que Christian est de même nature que tout le monde, être humain, c'est ce qu'on appelle la déduction.

Contrairement à la déduction, l'induction part d'un cas particulier, d'un échantillon dont les résultats sont extrapolés à toute une population.

La plupart des études entre dans le cadre de l'induction. On n'a pas le temps d'enquêter sur toute une population, vu toutes formes des contraintes liées aux temps, à l'organisation, aux finances, etc. On cherche simplement à avoir un échantillon représentatif sur lequel devra reposée l'étude mais dont les résultats seront globalisants.

Ceci n'est qu'une image de ce que je veux parler dans ce chapitre. En tant qu'enfant de Dieu, il y a des principes généraux qui nous concernent tous, et les principes spécifiques qui concernent tel enfant de Dieu ou tel autre. Cette spécificité des certains principes bibliques n'est pas l'exclusivité de certains enfants de Dieu, qui écartent les autres ; c'est simplement une exclusivité de la parole de Dieu pour chaque enfant de Dieu dans sa saison.

Autrement dit, tous les enfants de Dieu pourront appliquer toute la parole de Dieu, ou des principes chacun à sa saison.

V.1. LA VIE EN COMMUNAUTÉ CHRÉTIENNE ET LA VIE PERSONNELLE

V.1.1. LA VIE EN COMMUNAUTÉ CHRÉTIENNE

En tant qu'enfant de Dieu, nous sommes censés vivre en communauté chrétienne, c'est la raison même de l'implantation des églises locales dans le monde. Hébreux 10 :25 déclare *« N'abandonnons pas notre assemblée, comme c'est la coutume de quelques-uns, mais exhortons-nous réciproquement et cela d'autant plus que vous voyez s'approcher le jour » (Bible segond 1910)*

Il est important qu'un chrétien fréquente une église locale, on ne peut pas vivre uniquement sa vie chrétienne en solo. Par la grâce de Dieu, on devrait appartenir à une assemblée chrétienne afin de jouer son rôle.

En tant que membres d'un corps de christ, chaque enfant de Dieu devra se rendre utile dans l'église qu'il fréquente en particulier et pour tout le corps du christ en général.

Il devra alors faire partie de toutes les organisations qui s'y font et savoir même soutenir la vision de l'église.

Les choses qui se font dans l'église intéressent aussi le croyant. C'est ce que j'appelle la déduction spirituelle c.-à-d. lorsque le cas général de l'église touche la vie du croyant également, c'est dans ce sens que le chrétien devra fréquenter l'église, participer à la prière collective, des jeûnes organisés à l'église et d'autres activités.

Toutes ces choses ne sont pas en soi mauvaises, cependant elles risquent de devenir religieuses et étouffer la vie spirituelle du croyant en communication avec le seigneur.

Plusieurs personnes ne développent pas une intimité parfaite avec Dieu sous prétexte d'une vie chrétienne en communauté, elles tombent dans l'activisme religieux, vouloir faire des choses pour Dieu dans l'église, sans se préoccuper exactement de la volonté de Dieu dans telle ou telle autre circonstance.

L'enfant de Dieu se trouve uniquement embarqué par tout ce qui se passe dans son église locale, sans pourtant être attaché à christ dans son intimité.

Peu à peu, nous devenons dépendant de ce que se dit ou se fait dans nos églises, dépendant des programmes, des discours, des leaders religieux qui sont de nature à ne plus nous aider à connaître la pensée exacte de Dieu pour nous.

Il est important d'obéir à ce qui est dit dans l'église locale, ce qui est programmé, tout en sachant les limites de ceci ou cela dans sa vie.

Certains programmes qui peuvent être maintenus dans l'église locale, peuvent uniquement viser telle, ou telle strate des personnes bien que l'annonce peut être générale. Il faudra avec sagesse savoir faire le tri de tout ce qui se passe à l'église en conformité avec la saison dans laquelle vous êtes.

Même nos prédications souvent semblent être générales, il faudrait que l'enfant de Dieu par le discernement de l'esprit arrive à saisir ce qui l'intéresse vraiment dans tout ce qui a été dit.

Dans la déduction spirituelle, nous pouvons être portés à nous servir des expériences passées de ceux qui nous ont précédés dans la foi et l'appliquer aussi à notre vie.

N'est-ce pas, il est écrit que nous puisions imiter ceux qui par la foi et la persévérance obtiennent des promesses.

Hébreux 6 : 11- 12 ' Nous désirons que chacun de vous montre le même zèle pour conserver jusqu'à la fin une pleine espérance, en sorte que vous imitiez ceux qui, par la foi et la persévérance, héritent des promesses. (Bible segond 1910)

Dieu se sert également de ce qu'il a fait dans le passé pour nous convaincre dans le présent.

Il peut nous démontrer comment il a manifesté sa puissance dans le passé avec les enfants d'Israël, en confrontation avec les autres nations, pour nous faire réaliser qu'il est le même Dieu qui ne change pas.

Certainement, passer par la déduction spirituelle est l'une de façon de mener la vie chrétienne dans une circonstance donnée.

Cependant dans toute notre marche chrétienne, nous ne devons pas simplement utiliser la déduction spirituelle, il faut également appliquer l'induction spirituelle.

V.1.2. LA VIE CHRÉTIENNE PERSONNELLE

La vie chrétienne est une combinaison de la vie chrétienne en communauté et la vie personnelle. Elle ne se limite pas à l'église ni dans sa chambre, c'est une vie qui se manifeste également au dehors dans nos rapports avec les personnes autour de nous.

La fondation de la vie chrétienne est sa relation, sa communion avec Dieu, le chrétien qui se base uniquement à mener sa vie chrétienne à l'église sans avoir une communion avec Dieu, par le Saint-Esprit en permanence aura des difficultés à croitre spirituellement, il devra développer sa vie personnelle avec Dieu en dehors de ce qu'il mène à l'église locale.

C'est dans sa vie personnelle avec Dieu que le chrétien trouve les bases de sa croissance spirituelle, il ne se limite pas simplement à ce qui est dit ou fait à l'église locale. Il met tout en confirmation avec ce qu'il entend de Dieu dans sa communion personnelle.

Qu'en-est-il alors de l'induction spirituelle ?

Rappelons que l'induction est le fait de remontrer du particulier au général.

L'induction spirituelle veut simplement démontrer que l'enfant de Dieu peut vivre des choses dans sa particularité avec Dieu

Dieu n'est pas obligé de se servir uniquement des expériences générales dans la vie chrétienne ou de qu'il l'a fait dans le passé ; Dieu peut entamer des nouvelles choses avec un chrétien.

C'est pourquoi tout enfant de Dieu devra savoir en dehors de tout ce qu'il vit en communauté de façon générale avec les enfants de Dieu, il y a des choses qu'il doit vivre lui seul avec Dieu de façon particulière et devenir ainsi une source d'inspiration pour plusieurs dans les conditions où il pourra recevoir des révélations contraires aux programmes de l'église locale ou de tous les autres frères et sœurs de son entourage.

C'est lorsqu'un fils de Dieu prête attention à sa communion avec Dieu dans tout ce qu'il fait, qu'il devient parfois incompris par plusieurs et cette vie de dépendance au Saint Esprit lui crée souvent des problèmes de la part de religieux.

Dans tous les cas de figure, l'enfant de Dieu devra bien coordonner sa vie en tenant compte de sa communauté et de sa vie personnelle. Nous pouvons tous fréquenter une même église locale, mais nous n'avons pas tous les mêmes problèmes et nous ne sommes pas tous dans la même saison.

Autant de diversité des problèmes entre les gens, autant des précisions dans la résolution de ces difficultés.

La vie en communauté chrétienne aide à vous affirmer et à développer la communion fraternelle, elle vous aide aussi à surmonter certains problèmes qu'on ne saura jamais surmonter seul.

Cependant la vie personnelle avec Dieu dans l'intimité vous offre des précisions exactes par rapport à nous-mêmes ou par rapport à telle ou telle autre chose.

Le meilleur dans tout ça, est de faire la part des choses et savoir que chaque chose a son temps, se pencher plus sur un mode de vie au détriment de l'autre, ça sera une façon de se déséquilibrer.

Dans sa vie personnelle avec Dieu, on recevra des instructions concrètes pour les autres domaines de sa vie.

Par moment, ils y a des gens qui ont donné plus d'importance à la vie en communauté chrétienne, à ce qu'ils devraient faire dans l'église, à tel point qu'ils ont oublié de prendre soin de leur famille, leur vie sociale et professionnelle, etc.

L'enfant de Dieu est censé être équilibré, dans tous les domaines de sa vie spirituelle, intellectuelle, physique et sociale.

Dieu peut s'en servir des expériences du passé pour agir dans ta vie, ou il peut commencer avec toi une nouvelle manière de faire pour que tu inspires aussi les autres.

V.2. UNE VIE CHARNELLE DEGUISÉE

L'homme est un être tripartide *(1 Thessaloniciens 5 : 23. Bible Segond 1910).* Il est un esprit qui possède une âme et qui vit dans un corps. L'esprit est la partie qui nait de nouveau, c'est-à-dire reconnecté avec Dieu, l'âme doit simplement être renouvelée.

L'esprit est en contact avec Dieu, et assure l'adoration, l'âme est les sièges des émotions, sentiments, volonté, intelligence, le corps est l'enveloppe physique qui nous aide à entrer en contact avec notre monde physique.

Lorsqu'une personne est née de nouveau, son esprit est reconnecté avec Dieu, il devient une nouvelle création dans le domaine spirituel et il est censé marcher en nouveauté de vie.

Baptisée par le Saint-Esprit, elle (une personne) doit se laisser guider par celui –ci qui connait exactement la pensée de Dieu, car il est écrit *en 1 Corinthiens 2 : 11 ' Lequel des hommes, en effet, connaît les choses de l'homme, si ce n'est l'esprit* de l'homme qui est en lui ? De même, personne ne connaît les choses de Dieu, si ce n'est l'Esprit de Dieu.' (Bible Segond 1910)

La nouvelle marche de l'enfant de Dieu est de marcher selon l'esprit. La vie de l'esprit ne veut pas dire saboter l'âme et le corps, la vie de l'esprit non seulement elle vous aidera à être spirituellement stable et affermi, elle vous aidera également à prendre soin de votre âme et de votre corps.

Mais, ce ne sont pas votre âme ou votre corps qui sont censés vous conduire, c'est le saint Esprit par votre Esprit qui est censé être votre guide. (Jean 16 : 13. Bible Segond 21).

Dans un premier temps après notre conversion, nous désirons vivre une vie de sanctification, nous voulons à tout prix vivre dans la sainteté.

C'est tout à fait un désir normal de pratiquer la justice que nous avons reçu par le sacrifice de notre seigneur et sauveur Jésus Christ.

Nous abandonnons dès lors les œuvres de la chair contenues dans Galates 5 :19-20 (LSG,1910), et nous faisons notre possible par la grâce de Dieu que nous avons reçu de vivre loin de tous les péchés connus qui maintiennent la plupart de personnes dans la captivité.

Le diable dans toute sa subtilité réalise qu'il ne peut plus nous dérouter par tous les péchés connus d'avance, en nous poussant peut-être par la convoitise ou tout autre attrait.

Il se sent incapable de nous séduire à mener une vie charnelle comme nous l'attendons ou une vie des païens.

Comme il n'a jamais dit son dernier mot, il continue à nous tenter par toutes formes de stratagèmes, à dérouter les enfants de Dieu sur le chemin de leur destinée ou dans leur marche chrétienne au quotidien.

Quelle est l'astuce du diable pour y arriver ? Il fait tout pour nous pousser à vivre une vie charnelle déguisée.

Qu'est-ce qu'une vie charnelle déguisée ? Tu ne trouveras pas une définition littérale de cela dans un dictionnaire biblique, cependant je veux tenter de l'expliquer afin de vous inscrire dans le contexte dans lequel je parle.

Une vie charnelle déguisée est simplement une vie dans laquelle un Chrétien semble se comporter ou faire ce qui convient avec la vie chrétienne ou la volonté de Dieu, et pourtant il est à côté de ce que Dieu veut parfaitement.

C'est une façon de mener sa vie chrétienne qui peut sembler juste à tes yeux, mais qui ne cadre pas, en vérité avec ce qu'il te faut en toute vérité.

Comment le diable fait pour pousser un chrétien à mener une vie chrétienne charnelle déguisée ? Dans cette partie, nous allons voir quelques points importants qui vous aideront à échapper de son filet, le diable vous pousse à mener une vie charnelle déguisée :

1° En vous poussant à ne pas vivre selon le Saint-Esprit

A ce niveau, au lieu que l'esprit prenne le dessus, il vous laisse conduire par votre âme ou votre corps.

Au lieu de vous pencher à ce que l'esprit vous dit concernant telle ou telle autre situation, de la manière dont vous devez procéder pour avoir ce que vous cherchez, ou résoudre telle ou telle autre difficulté , car c'est lui qui est connecté à Dieu et sait les voies de Dieu qui peuvent semblent même illogiques, mais vous décidez de suivre votre âme, c.à.d. vos émotions, vos sentiments, votre intelligence… Toutes ces choses ne sont pas mauvaises en soi. Dieu nous a crées avec, cependant ces choses ne peuvent pas saisir, à certains égards les vérités spirituelles et lorsque le surnaturel veut intervenir, nous devons prendre conscience de notre divinité afin que la puissance de Dieu se manifeste.

L'âme ne peut se limiter qu'à la raison, les émotions et le corps par envie ce qui est la dimension de l'être humain né selon la chair, mais par la nouvelle naissance nous devons réaliser que c'est l'esprit qui devra guider notre vie dans tous les domaines, en laissant à l'âme et au corps leurs places respectives.

La vie charnelle déguisée commence lorsque le diable vous pousse à vivre raisonnablement votre vie chrétienne sans la dépendance totale au saint esprit, car vous pouvez faire des bonnes choses sans l'esprit de Dieu. *Proverbes 14 : 12 ' Bien des hommes pensent être sur le bon chemin, et pourtant, ils se trouvent sur une voie qui, finalement, mène à la mort. (Bible de Semeur)*

- ✓ **En vous poussant à renverser l'ordre de priorité de Dieu.**

La bible parle que nous sommes esprit, âme et corps. L'esprit a la prééminence sur l'âme et l'âme sur le corps, le diable dans sa subtilité ne cherchera pas à vous pousser dans des péchés connus, il joue simplement le mec religieux c.-à-d. il s'organise simplement à vous pousser à renverser les priorités de Dieu dans votre vie.

Il connait que Dieu a un plan pour toi et c'est à toi de collaborer avec ce plan. Et dans chaque saison de ta vie, il y a une priorité correspondante de Dieu, selon qu'il est écrit il y a un temps pour tout. *(Ecclésiastes 3 : 1-4. Bible de semeur)*

Dans sa subtilité, le diable ici ne change pas la parole de Dieu, il vous pousse à l'appliquer selon lui sans direction du Saint-Esprit.

Au lieu de prier, vous faites des offrandes, au lieu de faire des offrandes, vous jeunez, au lieu de jeuner, vous développez la communion fraternelle, au lieu de travailler, vous passez votre temps à consulter des prophètes, la liste n'est pas exhaustive. Toutes ces choses ne sont pas mauvaises en soi, le problème c'est que chaque chose à sa place dans la vie du chrétien.

Vous pouvez être surpris pourquoi votre vie ne marche pas, il se peut que vous fassiez ce qui est recommandé dans la parole de Dieu, mais pas selon les priorités divines ou la hiérarchisation selon Dieu.

Vous devez bien maitriser la saison dans laquelle vous vous trouvez, pour saisir les priorités de Dieu et éviter de s'imposer des choses à faire qui ne peuvent pas même pas coïncider avec ce que Dieu te demande maintenant. C'est pourquoi il faut être aux pieds du maître pour savoir ce à quoi son cœur bat. (Luc 10 : 39-40. Bible Segond 1910)

- ✓ **En vous mettant dans une distraction face aux détails.**

On dit souvent que le diable se cache dans les détails, cela s'avère vrai. Comment il se cache dans les détails ? Lorsqu'il s'agit de répondre aux questions, comment ? quand ? qui ? quoi ? Et alors pendant ?

Souvent Dieu parle de manière générale ou de fois de manière particulière. Selon les écritures, nous voyons à des proportions faibles là où Dieu donne tous les détails concernant le départ, la construction ou la victoire dans un tel ou tel autre combat, s'il en existe, ces détails s'inscrivent souvent en majorité lors des combats des enfants d'Israël ou de la construction de l'arche de Noé c.à.d. dans l'ancien testament. Mais dans le nouveau testament avec la venue de Saint Esprit et même dans certains cas isolés, dans l'ancien testament (pendant le désert), ce n'est pas pareil.

Il arrive souvent que Dieu ne fournit pas des détails exhaustifs dans ces promesses ou dans ce qu'il dit.

Par exemple, il peut te dire de quitter un pays pour un autre (le début et la fin) alors le milieu ?, d'abandonner les affaires pour uniquement se consacrer à son œuvre. Quelle est la fréquence ?, tout d'un coup au successivement ? La pensée de Dieu n'est pas de nous laisser dans la perplexité, sa pensée est de nous laisser libre d'agir par le Saint-Esprit qu'il nous a envoyé et par notre intelligence renouvelée, ce que revient de notre part.

C'est pourquoi dans toutes les promesses de Dieu, nous avons un rôle à jouer, Dieu peut te dire une chose, mais il faut faire attention aux détails.

A titre exemplatif, Dieu t'appelle à le servir à plein temps. Cet appel peut être totalement vrai, mais il faut faire très attention aux défauts, il faut savoir quand ? Comment ? Et avec qui ? Tu peux faire ce que Dieu demande mais pas au temps de Dieu, tu peux faire ce que Dieu te dit de faire et même au temps de Dieu, mais pas de la manière dont Dieu voulait, ceci devient alors une bonne façon du diable de vous dérouter, vous pouvez lui alarmer que vous faites exactement ce que Dieu vous demande , peut-être vous n'avez pas compris tout le processus. Il faut faire très attention aux détails, ils peuvent faire toute la différence.

- ✓ **En vous poussant à utiliser les verstes bibliques hors contexte.**

La connaissance littérale des versets bibliques ne peut pas vous empêcher de tomber dans le panneau du diable, faut-il encore connaître leurs contextes et la révélation derrière les écritures. Vous pouvez connaître la bible et l'appliquer à votre manière, au lieu de vous laisser éclairer par le Saint-Esprit, elle va vous dérouter par votre présomption de compréhension.

La parole de Dieu a été inspirée, il faut l'aide du Saint-Esprit pour déchiffrer le vrai sens des écritures bien que certaines semblent être à la portée de tout le monde.

Le diable a utilisé cette astuce avec Jésus Christ lors de la tentation, *se référant en Matthieu 4 : 6 ' et lui dit : Si tu es Fils de Dieu, jette-toi en bas ; car il est écrit : Il donnera des ordres à ses anges à ton sujet ; Et ils te porteront sur les mains, De peur que ton pied ne heure contre une pierre.' (Bible Segond 1910).*

Il faut faire cette attention lorsqu'on lit la parole de Dieu, nous devons la lire sous un esprit de prière et de méditation et nous laisser instruire par le Saint-Esprit.

Le fait d'utiliser la parole de Dieu hors contexte nous amène à tenter Dieu, et nous pousse à le mettre au défi dans telle ou telle autre circonstance. Nous devons reconnaître la souveraineté de Dieu dans certains détails de notre vie au lieu de mettre Dieu au défi, en le tentant à vouloir agir comme on le veut pour prouver quelque chose à notre entourage.

Certaines personnes pensent avoir la foi en agissant bêtement ou en faisant des déclarations de leur propre ego, pour voir Dieu en scène ou exaucer leur requête. Tenter Dieu n'est pas une bonne chose, nous n'avons pas besoin de prouver quoi que ce soit à telle ou telle autre personne pour prouver que nous sommes enfants de Dieu.

Le fait d'utiliser la parole de Dieu hors texte, nous amène à nous approprier certains versets bibliques qui ne cadrent pas avec notre situation, nous développons en quelque sorte un attachement sélectif à la parole de Dieu, et nous nous basons uniquement sur ce qui nous fait du bien, et pourtant la parole de Dieu est dans un tout cohérent.

Nous ne devons pas mener une vie charnelle déguisée sous toutes ses formes. Par la grâce de Dieu, évitons de tomber dans le filet du malin qui nous cherche jour et nuit.

V.3. LA SAINTETÉ, LA SANCTIFICATION ET LE PARDON DES PÉCHÉS

Le concept de la sainteté ou la sanctification pose souvent un problème dans la manière dont chaque personne le conçoit. Avant d'aborder cette question selon la parole de Dieu, voyons certaines pensées entretenues par certains religieux ou le commun des mortels, qui le mettent souvent dans le placard car disent-ils personne n'est saint, ce qui est humainement prouvé.

Il y a des gens qui pensent que pour être « SAINT », il faut accomplir tout ce que la loi de Dieu exige, il faut alors au maximum accomplir de bonnes œuvres pour être qualifié de « SAINT ».
Le concept de « SAINTETÉ » va de pair avec celui de la JUSTICE. Ainsi vit dans la justice.
Ce système de pensée laisse entrevoir que la sainteté pourra être quelque chose de ponctuelle c'est-à-dire quand on fait des bonnes choses, on ne commet pas des péchés pour un moment on est saint, ensuite lorsqu'on commet les péchés, on n'est plus saint.
Cette compréhension de la SAINTETÉ est basée sur ce qu'on fait et non sur ce qu'on est.
Dans cette optique, certains désespérément arrivent simplement à conclure que personne n'est saint. Ce constat devra dès lors pousser les gens à la repentance, et croire en Jésus Christ.
Mais hélas, certaines personnes trouvent alors un prétexte pour alors vivre dans le péché. Pourquoi ? Parce que simplement qu'ils se disent qu'on ne pourra pas être saint c'est-à-dire ne plus pratiquer le péché.
Toutes ces considérations bien qu'elles soient quelque peu réfléchies sont totalement humaines et face à la question du péché, elles laissent les gens dans une fatalité totale et pour ceux qui veulent faire des efforts sont sans cesse rattrapés par leur culpabilité.
Alors quelle est la pensée de la face à la SAINTETE ou la SANCTIFICATION.
Philippiens 4 : 21-22 « Saluez tous les saints en Jésus Christ. Les frères qui sont avec moi vous saluent. Tous les Saints vous saluent, et principalement ceux de la maison de César. » (Bible Segond 1910).
Hébreux 10 : 10 ' C'est en vertu de cette volonté que nous sommes sanctifiés, par l'offrande du corps de Jésus Christ, une fois pour toutes.'
Voyez-vous ! Nous qui sommes enfants de Dieu, nous avons été sanctifiés par le sacrifice de Jésus christ une bonne fois pour toutes. Nous avons cru en Jésus christ et la justice nous est imputée.
Nous ne pouvons pas en aucun cas être déclarés saints et juste par les œuvres de la loi. La loi est là uniquement pour nous donné la connaissance du péché. *Romains 3 : 20 déclare : « Car nul ne sera justifié devant lui par les œuvres de la loi, puisque c'est par la loi que vient la connaissance du péché. » (Bible Segond 1910)* Nous sommes sanctifiés par le sang de Jésus christ ; c'est pourquoi nous sommes appelés « Saints » selon Dieu.
Cette sainteté nous est imputée par notre position en Christ.
Nous pouvons simplement conformément à notre nouvelle identité produire des bons fruits ou accomplir de bonnes œuvres afin que notre père céleste soit glorifié. *En Matthieu 5 : 16, il est écrit : Que votre lumière luise ainsi devant les hommes, afin qu'ils voient vos bonnes œuvres, et qu'ils glorifient votre père qui est dans les cieux. (Bible Segond 1910).* Nous ne faisons plus de bonnes choses pour être saints,

nous en faisons car il en va de notre nature. De la même manière que Jésus christ est la lumière du monde nous aussi nous sommes la lumière, nous sommes de sel de la terre.

Matthieu : 5 : 14 ' Vous êtes la lumière du monde. Une ville située sur une montagne ne peut être cachée ;) (Bible Segond 1910).

Matthieu : 5 : 13 ' Vous êtes le sel de la terre. Mais si le sel perd sa saveur, avec quoi la lui rendra-t-on ? Il ne sert plus qu'à être jeté dehors, et foulé aux pieds par les hommes. (Bible Segond 1910).

Nous devons démontrer dans notre génération que nous sommes enfants de lumière et que nous sommes ambassadeurs de Jésus christ sur cette terre.

C'est ce qui est précisé en 2 Corinthiens 5 : 20 « Nous faisons donc les fonctions d'ambassadeurs pour Christ, comme si Dieu exhortait par nous ; nous vous en supplions au nom de Christ : Soyez réconciliés avec Dieu ! » (Bible Segond 1910).

La question de la sainteté ou la sanctification doit être abordée selon la pensée de Dieu. la Bible déclare que c'est Jésus Christ est notre SANCTIFICATION.

1 Corinthiens 1 : 30 « Or, c'est par lui que vous êtes en Jésus Christ, lequel, de par Dieu, a été fait pour nous sagesse, justice et Sanctification et rédemption, » (Bible Segond 1910).

Il n'y a pas de sanctification sans Jésus Christ. Il faut compter sur l'œuvre de la croix simplement, c'est le mystère de la rédemption.

Ceux qui veulent être saint par leurs propres œuvres finissent par devenir prisonnier de leur culpabilité, ils développent ainsi une telle conscience du péché qui ne leur permet pas de vivre en paix avec Dieu.

V.4. LE PARDON DES PÉCHÉS

Le pardon des péchés passe par la justification en Jésus christ. Nous sommes justifiés gratuitement par le moyen de la foi en Jésus christ.

En Romains 3 : 23-24, ile est écrit : ' Car tous ont péché et sont privés de la gloire de Dieu ; et ils sont gratuitement justifiés par sa grâce, par le moyen de la rédemption qui est en Jésus Christ. (Bible Segond 1910).

Cette justification trouve son origine dans une véritable repentance qui nous a amené à croire en Jésus christ.

C'est le pardon des péchés qui nous donne la paix avec Dieu.

Une personne qui est encore esclave du péché ou qui vit encore dans la culpabilité n'est pas heureuse ; peu importe tous les biens qu'elle peut posséder.

L'enfant de Dieu devra réaliser que ses péchés sont pardonnés en Jésus christ, lors de sa conversion, pendant sa marche et jusqu'à la fin de ses jours sur la terre. (Hébreux 10 : 10. *Bible Segond 1910).*

De temps à temps, l'enfant de Dieu devra comprendre que Dieu l'aime et ne pas l'appréhender comme un juge strict qui ne fait qu'espionner nos actes.

Il peut arriver qu'on puisse trébucher par moment dans les péchés, mais nous devons être prêts à nous confesser.

La bible déclare que le juste tombe sept fois mais le seigneur le délivre toujours. *(Proverbes 24 : 16. Bible Segond 1910).*

Ceci ne constitue en aucun cas un feu vert pour vous dans les péchés. D'ailleurs l'apôtre Paul équilibre cet aspect en *Romains 6 : 15 'Quoi donc ! Pécherions-nous, parce que nous sommes, non sous la loi, mais sous la grâce ? Loin de là !*

S'il arrive cependant que nous trébuchions, referons-nous en *1 Jean 1 : 9 ' Si nous confessons nos péchés, il est fidèle et juste pour nous les pardonner, et pour nous purifier de toute iniquité. (Bible Segond 1910).*

Au lieu de prendre trop conscience du péché, nous devons prendre conscience de l'amour de Dieu.

Même pour les gens qui ont commis des péchés terribles qui pensent impardonnables, mais je vous assure que Dieu est disposé à vous pardonner.

Lorsque votre repentance est sincère. Même si le diable essaiera par tous les moyens à vous rendre totalement conscient de ce vous avez fait dans le passé, pour vous culpabiliser, rassurez-vous qu'après votre repentance Dieu ne se souvient plus de vos péchés car c'est ce que lui-même précise dans sa parole.

Esaïe 43 : 25 nous en donne la preuve en ces mots : ' *C'est moi (l'Éternel), moi qui efface tes transgressions pour l'amour de moi, Et je ne me souviendrai plus de tes péchés. (Bible Segond 1910).*

Cependant, il faut arriver à bien faire, la différence entre les péchés commis et les conséquences du péché commis.

Il arrive en généra après une repentance sincère, Dieu vous pardonne vos péchés et arrive à restaurer votre vie et faire disparaître à cet effet les choses qui peuvent avoir de liaisons directes avec votre minable passé ou exhausser vos requêtes afin de vous faire quitter cette condition que la vie du péché vous a infligé.

Dieu qui est riche en bonté est capable de vous exhausser dans ce sens et arriver même à vous bénir.

Mais hélas, il y a certains péchés que nous avons commis, Dieu lui-même arrive à nous pardonner mais nous allons vivre les conséquences de notre acte. Il peut s'agir de conséquences sociales, professionnelles et familiales que nous devons supporter même si Dieu nous a pardonnés.

Imaginons : tu étais une prostituée reconnue par tout le monde visiblement dans votre environnement. Même si Dieu vous pardonne après votre repentance, vous n'aurez pas toujours la même considération sociale qu'il vous faut comme avant.

Vous avez peut être détourné une somme colossale dans votre entreprise, ce qui vous a coûté votre licenciement. Et cette histoire a couru comme une trainée de poudre parmi les gens. Rentré en soi-même, tu décides bien de te repentir et tu demandes pardon à Dieu, même à votre entreprise en question. Le fait qu'on vous pardonne ne peut pas vous redonner la considération que vous aviez. Cela peut même créer certains doutes aux dirigeants des entreprises de vous attribuer des responsabilités de cette taille.

Toutes choses restant égales par ailleurs, il faut faire très attention dans le domaine des péchés, il ne faut pas se permettre de pécher parce que Dieu pardonne enfin.

Dieu peut pardonner vos péchés, mais les conséquences de vos péchés vous pouvez les assumer.

Voyons ce qui est arrivé à David en 2 Samuel 12 : 11-23 *(Bible Segond 1910).*, même s'il s'est repentit et Dieu l'a pardonné. Il a pu endurer les conséquences de ses péchés. En premier abord, Dieu n'a pas permis que l'enfant issu de l'adultère de David puisse vivre, et ce qu'il a fait en secret, Dieu a permis que cela puisse être fait en plein air dans la famille de David où Amnon coucha avec Tamar sa sœur. Un seul acte de péché de David a coûté la déchirure de toute sa famille.

Les conséquences de nos péchés peuvent aussi être permises par Dieu.

Nous ne devons pas jouer de la grâce de Dieu pour continuer à pratiquer les péchés. Par reconnaissance à ce que Dieu a fait pour nous en Jésus christ, vivons dans la crainte de l'Eternel.

V.5. LES STRATEGIES DU DIABLE POUR VOUS COMPLEXIFIER LA VIE CHRETIENNE

Nous allons juste voir deux (2) stratégies majeures qui vont compléter ce que nous avons déjà parler en introduction sur la complexité de la vie chrétienne.

Le Diable est celui qui nous combat tous les jours, jusqu'à la venue de Jésus Christ. Même si, ses œuvres enfin sont vouées à l'échec, il ne dit jamais son dernier mot. Il faut rester vigilant et restez prudent. Jésus Christ, le bon Berger nous prévient dans ce sens dans *Matthieu 10 : 16 : ' Voici, je vous envoie comme des brebis au milieu des loups. Soyez donc prudents comme les serpents, et simples comme les colombes. (Bible Segond 1910).*

Le Diable sait qu'il a peu de temps Apocalypse 12 : 12. *(Bible Segond 1910).*

Il s'arrange ainsi à maximiser ses œuvres et à agir au maximum à son avantage. C'est pourquoi la Bible nous conseille de ne pas laisser l'avantage sur le Diable.

Paul pouvait dire en *2 Corinthiens 2 : 10-11 ' Or, à qui vous pardonnez, je pardonne aussi ; et ce que j'ai pardonné, si j'ai pardonné quelque chose, c'est à cause de vous, en présence de Christ, afin de ne pas laisser à Satan l'avantage sur nous, car nous n'ignorons pas ses desseins. (Bible Segond 1910).*

Le Diable sait que tu es sauvé, et comme il ne peut pas t'empêcher d'être enlevé, lorsqu'il est presque certain, même s'il essaie toujours, il va chercher à te complexifier la vie chrétienne par toutes formes de subtilités en vue de te voler la joie en Christ, et la simplicité de la vie Chrétienne. Il va essayer de se déguiser en ange de lumière, son arme préférée pour ceux là qui veulent plaire à Dieu, et de vivre une vie Chrétienne à la gloire de Dieu.

1° Te pousser à une obéissance systématique de la parole de Dieu à la lettre

C'est une forme de légalisme, j'en ai déjà parlé, cependant je veux aborder d'autres facettes à ce niveau. Lorsque le Diable t'amène sur ce terrain, Il est entrain de dénaturer ta perception par rapport à Dieu. Il te fait croire subtilement que Dieu est là pour espionner ta conduite comme tu as cru en lui. Et pourtant Dieu est notre père aimant. Cette attitude t'amène à te focaliser sur la loi, au lieu de te focaliser sur le Saint-Esprit. Dieu ne s'étend pas que tu obéisses systématiquement à sa parole à la lettre. Ca ne fonctionne pas de la sorte, c'est lui qui te conduit et sait exactement comment il va fonctionner avec toi.

'Chercher à obéir systématiquement à la parole de Dieu à la lettre, c'est se complexifier la vie chrétienne'.

Le drame dans tout cela est qu'il trouvera toujours un domaine dans lequel, il va essayer de te convaincre que tu n'es pas assez bon, et te pousser à essayer, et encore essayer d'obéir sans succès. Fais ce que tu peux et rassure-toi que c'est Dieu qui te perfectionnera lui-même *car la lettre tue, c'est l'esprit qui vivifie. (2 Corinthiens 3 : 6. Bible Segond 1910).*

Le Diable essayera de se comporter comme s'il voulait que tu obéisses à Dieu. En clair, il mettra juste la Barre dans la perfection et te pousser à y arriver par tes propres efforts. Crois en Dieu, repose-toi sur l'œuvre de Jésus Christ à la croix, et sois en paix avec Dieu et avec toi-même Car la justice de Dieu est un don.

Romains 5 : 17 ' Si par l'offense d'un seul la mort a régné par lui seul, à plus forte raison ceux qui reçoivent l'abondance de la grâce et du don de la justice régneront-ils dans la vie par Jésus Christ lui seul. (Bible Segond 1910).

Cet aspect est subtil, car tu risques d'aller de décision et en décision.

2° Te pousser à avoir un rythme qui ne se synchronise pas à ta croissance.

Tout ce qui est sur la terre en vie est dans un processus de croissance. On ne peut pas avoir des mangues, juste trois (3) jours après avoir mis en terre un noyau, j'exagère bien sûr. Il y a toujours un temps qui s'écoule pour avoir des fruits. Ce timing n'a rien avec les péchés, ni la désobéissance à Dieu.

Dieu évolue avec toi progressivement. Il est celui qui sait exactement le rythme avec lequel il avance avec toi.

Comment le Diable va procéder ? Il va se servir de certains versets bibliques clairement définis et qui parle à ton sujet, sans problème. Mais la séduction est qu'il va juste *torde le timing*. Il va chercher à brouiller le processus, à tel point que tu vas essayer de forcer les choses à ta manière, tout en s'appuyant sur les versets de la Bible. Il crée en toi l'impatience, une sorte de fausse soif de Dieu, en t'amenant à défier de la trajectoire divine. Ce qu'il faut faire est de dépendre du Saint-Esprit, le laisser te conduire exactement comme il veut. S'il te dit pause, repose-toi, tu ne rates rien. Il sait où il t'amène.

Vous savez quoi ?, savoir ce que la bible dit, et savoir l'appliquer à mon sujet, c'est deux choses différentes.

V.6. LES IDÉES PROCHES DE LA VERITÉ

Si on ne parvient pas à distinguer les idées proches de la vérité, de la vérité. C'est le début de la frustration. Croire en quelque chose comme vraie, et attendre sa manifestation sans succès épuise le chrétien, et le complexifie dans sa vie. Car on va commencer à se poser trop de questions, parfois sans réponses. Dans cette subtilité, le Diable cherche à te faire croire une fausseté, pour t'amener sur le chemin de la déception. Plusieurs doctrines de séduction que le Diable a infiltré subtilement sur cette terre, sont juste des idées proches de la vérité.

Les idées proches de la vérité ne sont pas juste de fausses déclarations, elles sont souvent des déclarations basées sur les écritures, mais mal orientées. Contextualiser la parole de Dieu, et savoir l'appliquer selon le vrai sens caché de l'esprit, va vous aider à ne pas être une proie aux idées proches de la vérité.

Proverbes 25 : 11 ' Comme des pommes d'or sur des ciselures d'argent, Ainsi est une parole dite à propos.' (Bible Segond 1910).

V.7. LES CORRELATIONS SPIRITUELLES

Dire qu'il existe une corrélation entre deux choses, c'est affirmer qu'il existe une influence (une liaison) entre les deux éléments. Cela veut dire, lorsque un élément bouge ou varie dans un sens, l'autre élément bouge également et vice et versa. De la même manière que les choses sont corrélées dans le monde physique. C'est de la même manière aussi que certaines choses sont corrélées dans le monde spirituel. Comprendre la liaison entre ces éléments nous aide à opter un choix optimal, sur quel élément misé, pour influencer les autres. *Colossiens 3 : 16 déclare : 'Que la parole de Christ habite parmi vous abondamment ; instruisez-vous et exhortez-vous les uns les autres en toute sagesse, par des psaumes, par des hymnes, par des cantiques spirituels, chantant à Dieu dans vos cœurs sous l'inspiration de la grâce.' (Bible Segond 1910).*

C'est vraiment surprenant de voir certains chrétiens s'attarder sur certaines paroles de la Bible séparément, et pourtant il y a également d'autres paroles bibliques reliées à cette vérité. C'est ce que j'appelle les corrélations spirituelles. Imaginons la personne qui se limite juste à proclamer que Jésus Christ est venu nous donner une vie d'abondance ; C'est vrai. Mais faudra-t-il encore savoir comment cette abondance peut se manifester. L'exemple de l'abondance terrestre, cette déclaration est en corrélation avec *Proverbes 14 : 23 ' Tout travail procure l'abondance, Mais les paroles en l'air ne mènent qu'à la disette.' (Bible Segond 1910).* En plus, les gens peuvent affirmer qu'avec Dieu, nous feront des exploits. Mais cette parole est en corrélation avec Josué 1 : 8 Il faut avoir un équilibre scripturaire pour bien maitriser les corrélations spirituelles. Si nous disons que la Bible, c'est la parole de Dieu.

Tout est dans la Bible pour conduire dans le droit chemin l'enfant de Dieu, mais tout n'est pas écrit.

La vérité, c'est la parole de Dieu, or la parole de Dieu parle sur tous les domaines de ta vie. Alors pour bien avancer, il faut réaliser que les vérités Bibliques sont corrélées. Sans cela, on va passer sa vie en tourner en rond, à avoir des attentes irréalisables, à être frustré par qu'on n'a pas compris certaines liaisons des écritures.

Troisième partie

LA SIMPLICITÉ DE LA VIE CHRÉTIENNE

(Mener une vie reposée sur la grâce de Dieu et la conduite du Saint-Esprit offrent une simplicité de la vie chrétienne.)

CHAPITRE VI. LA MATURITÉ EN CHRIST, SOURCE D'UNE VIE CHRÉTIENNE SIMPLE

Cette partie aborde la question de la simplicité de la vie chrétienne. Le titre semble être marrant, et pourtant la vie chrétienne est simple, elle n'est pas une vie que nous essayons de nous fabriquer par nous-mêmes elle est juste une vie centrée sur Jésus christ c'est-à-dire sur la parole de Dieu. Mais pour y arriver, il faut mûrir en christ.

VI.1. LE MYSTÈRE DE LA LIBERTÉ

En empruntant la définition du Larousse, nous définissons la liberté comme l'état d'une personne qui n'est pas soumise à la servitude. Elle est également l'état d'une personne qui n'est pas retenu prisonnier (Esclave). Faisons une longue lecture de la portion des écritures.

Jean 8 : 26-36 'J'ai beaucoup de choses à dire de vous et à juger en vous ; mais celui qui m'a envoyé est vrai, et ce que j'ai entendu de lui, je le dis au monde. Ils ne comprirent point qu'il leur parlait du Père. Jésus donc leur dit : Quand vous aurez élevé le Fils de l'homme, alors vous connaîtrez ce que je suis, et que je ne fais rien de moi-même, mais que je parle selon ce que le père m'a enseigné. Celui qui m'a envoyé est avec moi ; il ne m'a pas laissé seul, parce que je fais toujours ce qui lui est agréable. Comme Jésus parlait ainsi, plusieurs crurent en lui.

Et il dit aux juifs qui avaient cru en lui : Si vous demeurez dans ma parole, vous êtes vraiment mes disciples ; vous connaîtrez la vérité, et la vérité vous affranchira.

Ils lui répondirent : Nous sommes la postérité d'Abraham, et nous ne fûmes jamais esclaves de personne ; comment dis-tu : Vous deviendrez libres ? En vérité, en vérité, je vous le dis, leur répliqua Jésus, quiconque se livre au péché est esclave du péché. Or, l'esclave ne demeure pas toujours dans la maison ; le fils y demeure toujours. Si donc le Fils vous affranchit, vous serez réellement libres. (Bible Segond 1910).

Pourquoi parler d'un mystère ? Référons-nous à l'histoire que nous avons lue. Il s'agit d'un échange de Jésus Christ avec les juifs, ceux qui ont cru en lui. Jésus Christ dit, j'ai beaucoup de choses, à dire de vous et à juger en vous, mais celui qui m'a envoyé est vrai, et ce que j'ai entendu de lui, je le dis au monde.

Remarquez cela, les juifs crurent en lui, mais ont encore beaucoup de choses qu'ils ne maitrisaient pas. Comme aujourd'hui il y a des gens qui ont en Jésus Christ, mais ils ont encore des choses qu'ils ne maitrisent pas, ils ne maitrisent ni la parole de Dieu, ni la doctrine,…Ils peuvent être facilement emporté par le vent, car pour que votre vie soit stable, elle doit être bâtie sur le roc, or pour bâtir sur le roc, il faut creuser, creuser et alors creuser (*Matthieu 7 : 24-25. Bible Segond 1910).*

Qu'est ce que vous pensez ? Ecouter certains messages de la parole certains jours, soit seulement le Dimanche, et vous croyez que vous serez mûrs.

De la même manière que vous vous prenez en charge physiquement, prenez-vous également en charge spirituellement. Il s'agit de votre vie, et alors de votre vie.

Et il dit aux juifs qui avaient cru en lui : Si vous demeurez dans ma parole, vous êtes vraiment mes disciples, vous connaîtrez la vérité, et la vérité vous affranchira.

Le Problème vient ?

Ils lui répondirent, nous sommes la postérité d'Abraham, et nous ne fumes jamais esclaves de personne, comment dis-tu vous deviendrez Libres ?

Quel scénario ?

Jésus Christ dit : *J'ai beaucoup de choses à dire de vous et à juger en vous ; mais celui qui m'a envoyé est vrai, et ce que j'ai entendu de lui, je le dis au monde. Ils ne comprirent point qu'il leur parlait du Père*

Enfin, il leur dit quelque chose de bouleversant, il leur dit, vous connaitrez la vérité et la vérité vous affranchira.

Oh, nous sommes la postérité d'Abraham, lui répondirent-ils ; nous ne sommes jamais esclaves de personne, comment dis-tu que vous deviendrez Libres ?

La Liberté, c'est un mystère.

Ils avaient une définition erronée de la liberté. Pour eux, le fait simple d'être la postérité d'Abraham et n'être esclave de personne, définit in extenso la liberté, non c'est un mystère.

Comme certains parmi nous dirons, Moi je suis libre.

- J'ai l'argent, je m'achète ce que je veux ;
-Je peux m'amuser avec les jeux et loisirs ;
- Je peux voyager là où je veux ;
- Je suis internationaliste ;
-Je suis indépendant ;
-Je me suffis à moi-même ;
-Je me prends en charge tel que je suis ;

Je n'ai besoin de personne, je ne demanderai jamais à quelqu'un de m'aider ceci ou cela, donc je suis libre! Non bien-aimé. Je ne parle pas de cette liberté. (Mondaine)

Je n'ai jamais entré dans une prison donc je suis libre, non, non, non…..

Il est écrit, si donc le Fils vous affranchit, vous serez réellement Libres.

Nous allons développer trois (3) points fondamentaux qui vont permettre à une personne d'expérimenter la liberté que Christ a pu scandaliser les juifs, une vraie liberté, une liberté mystérieuse.

Quand vous êtes réellement libres :

- ✓ Vous êtes liberté de la peur et de la crainte ;
- ✓ Vous prenez conscience de qui vous êtes en Jésus Christ ;
- ✓ Vous êtes serein, et posé malgré les circonstances

- ✓ Vous avez la joie imperturbable.

Pour accéder à cette liberté, il faut premièrement accéder à la CONNAISSANCE.

1° LA CONNAISSANCE

Il n'y a pas de liberté sans connaissance. Dans chaque domaine de la vie où vous n'avez pas de connaissance, naturellement vous serez asservis.

2 Pierre 3 : 18 ' Mais croissez dans la grâce et dans la connaissance de notre Seigneur et Sauveur Jésus Christ. A lui soit la gloire, maintenant et pour l'éternité! Amen !

Imaginez quelqu'un que tu aimes, ton grand père, un frère quelconque, à la fin de sa vie, il commence à vous dire les dernières paroles en termes d'adieux. Je pense que ce sont des paroles pleines de sagesse, les paroles de la fin. C'est ce que l'apôtre Pierre nous dit, Croissez dans la grâce et la connaissance de notre Seigneur Jésus Christ. Pour Comprendre cette partie, referez-vous au chapitre 2 sur les piliers de la croissance spirituelle (II.1. La connaissance)

2° MÛRIR POUR ATTEINDRE LA MATURITÉ EN CHRIST

Lisons *Galates 4 : 1-2 ' Or, aussi longtemps que l'héritier est enfant, je dis qu'il ne diffère en rien d'un esclave, quoiqu'il soit le maître de tout ; mais il est sous des tuteurs et des administrateurs jusqu'au temps marqué par le père. (Bible Segond 1910).*

Lisons un peu avec méditation, ce que la Bible dit dans ce verset. Il se trouve qu'il y a une équation spirituelle du genre :

Enfant = esclave.

Or tous ceux qui ont la foi en Jésus Christ sont la postérité d'Abraham, donc ils sont héritiers de la promesse.

La Bible déclare que nous sommes bénis de toutes les bénédictions spirituelles dans les lieux célestes *(Ephésiens 1 : 3. Bible Segond 1910).*En Dieu, nous avons tout, tout ce qui est au père appartient au fils.

Et si nous sommes enfants de Dieu, tout ce qui est à Dieu nous appartient.

La Bible dit aussi en paraphrasant qu'aussi longtemps que vous ne voulez pas grandir, c'est vrai vous avez un héritage, mais vous ne pouvez pas en jouir. Vous serez sous la garde des tuteurs, sous leur volonté jusqu'au temps marqué par le père.

Le temps fixé par le père n'est pas un temps fixé chronologiquement pour dire c'est en Deux mille quelconque que j'entrerai à jouir de tout ce que Dieu m'a promis, Non!

C'est seulement lorsque le père remarquera que tu as grandi, muri qu'il te donnera la jouissance de ton héritage.

L'apôtre Paul disait en *1 Corinthiens 13 : 11 ' Lorsque j'étais enfant, je parlais comme un enfant, je pensais comme un enfant, je raisonnais comme un enfant ; lorsque je suis devenu homme, j'ai fait disparaître ce qui était de l'enfant.*

Observons ceci : Il est le maître de tout. Soulignons *maître de tout*, en d'autre termes tout lui appartient, mais il vit comme un esclave.

Pourquoi ? ' *L'immaturité*' ; Il n'est pas encore Mature.

Dieu nous voit différemment de la manière dont nous nous voyons ici bas. Si on devrait parler de la grandeur ou la maturité devant les hommes.

- On pourra voir l'âge
- La classe Sociale
- Le poste de la personne
- La position et sa renommée.

Mais devant Dieu, être mature, c'est avoir la capacité de ressembler à Christ.

Même si vous aimez tellement votre fils de 2 ans, s'il vous demandait une voiture Prado propre à lui, vous ne lui donnerez pas. Est ce que c'est parce que vous ne l'aimez pas ? Non. Il est encore immature. Il y a certaines choses que Dieu ne vous donnera pas, non parce qu'il ne vous aime pas, mais c'est parce qu'il vous aime tellement qu'il ne vous donne pas.

Par exemple :

- Tu veux avoir une promotion pour avoir une deuxième femme (Maîtresse) ;
- Tu veux que Dieu te donne un véhicule pour devenir un railleur ;
- Tu veux que DIEU t'élève dans le ministère pour t'opposer ou devenir orgueilleux vis-à-vis des autres, quelle tragédie !

La plupart de temps les motivations des gens ne sont pas bonnes.

A son époque, Salomon l'a compris et il a dit que tout ce que fait l'homme c'est pour réussir plus que son voisin (Ecclésiaste 4 : 14. Bible parole vivante)

C'est une maladie grave, c'est pourquoi Dieu n'exauce pas nos prières parce que nos motivations ne sont pas pures. C'était juste un exemple parmi d'autres.

Atteindre la maturité en Christ, c'est important pour expérimenter cette mystérieuse liberté en lui. Nous sommes déjà '*maître de tout*', mais Dieu veut que nous puissions atteindre une certaine dimension de maturité, afin que nous puissions prospérer à tous égards.

Je veux développer 9 (Neufs) domaines dans lesquels nous devons mûrir pour jouir de toutes les bénédictions spirituelles de Dieu et prendre en main notre héritage.

1° Mûrir dans le domaine de la Conscience

L'apôtre Paul disait *lorsque j'étais enfant, je parlais comme un enfant, je pensais comme un enfant, je raisonnais comme un enfant ; lorsque je suis devenu homme, j'ai fait disparaître ce qui était de l'enfant.*

Il est conscient qu'il n'est plus enfant. Il fait la différence entre son état d'enfance et son état d'âge adulte clairement. Ce qui est intéressant dans ca, ce qu'il se focalise trop sur son système de pensée ancien, et présent. Il devient conscient de ce qu'il a grandit. Pour accéder à la liberté, nous devons avoir mûri dans le domaine de la conscience. Plusieurs enfants de Dieu ne sont pas véritablement conscients de ceux qu'ils sont véritablement devenus en Christ. Conscients de ce qu'ils sont des nouvelles créatures, conscients de ce qu'ils sont saints en Christ, conscients de ce qu'ils peuvent dominer systématiquement la puissance des ténèbres, conscients de ce qu'ils sont le temple de Dieu en Esprit, conscients de l'autorité en Christ, conscients de l'exécution infaillible des promesses de Dieu, conscients que le monde ne peut pas les vaincre. Lorsqu'on ne développe pas cette conscience, on est encore enfant, et esclave du monde, du péché et de la chair. Vous verrez même dans le domaine des saletés, les enfants jouent avec les saletés, la boue, etc. C'est pourquoi vous verrez les chrétiens immatures jouent encore avec les péchés, contrôlés par les émotions (passions charnelles), l'égoïsme et tout. Pour développer cette conscience, il faut accepter la vérité de la parole de Dieu peu importe les circonstances extérieures. Il faut croire en ce que dieu dit véritablement et n'est pas être un auditeur oublieux. C'est cette conscience de la vérité qui coûte très chère à la plupart enfants de dieu.

Jacques 1 : 25 nous dit 'Mais celui qui aura plongé les regards dans la loi parfaite, la loi de la liberté, et qui aura persévéré, n'étant pas un auditeur oublieux, mais se mettant à l'œuvre, celui-là sera heureux dans son activité.' (Bible Segond 1910)

Le Diable s'arrangera par tous les moyens à ce que vous ne soyez pas conscient de toutes les vérités spirituelles même si tu écoutes les prédications chaque jour.

Alors décide d'être conscient, par la grâce de Dieu à y arriver.

2° Mûrir dans le domaine des valeurs

Un enfant (esclave) ne connait pas la valeur des choses. Son système de valeur est biaisé, et fais de telle sorte que celui-ci perd certaines choses à valeur impensable.

Supposons que vous donniez un billet de 100 $ et un bonbon sifflet à un enfant de 3 ans. Je pense qu'il donnera de l'importance à un bonbon au lieu de ce billet. La perception de cet enfant, à son manque de connaissance lui fait louper quelque chose qui peut acheter bien de bonbons, n'est ce pas ?

C'est exactement ce qui se passe souvent avec la plupart des enfants de Dieu. Leur sens de valeur n'est pas aligné à la parole de Dieu, ce qui change même leurs priorités. Les gens sont en quelque sorte voilés par rapport à la valeur des choses selon la perception de Dieu.

Eh bien, les valeurs de ce siècle présent sont déjà en horreur contre l'éternel. Ce monde met sur un piédestal la corruption, l'orgueil, la jalousie, l'immoralité, les envies, les comparaisons, la poursuite acharnée des biens matériels comme une fin en soi. Le monde est entrain de valoriser ce qui, dans les conditions normales ne devraient même pas être admis juste par des personnes bien éduquées. C'est triste.

En regardant uniquement ce qui compte beaucoup plus à tes yeux, cela définira ta maturité en Christ.

Les gens donnent plus de valeur à ce que Dieu peut donner, au lieu de leur intimité avec le Seigneur.

Dans *Matthieu 6 : 33, Il est écrit : Cherchez premièrement le Royaume de cieux et la justice de Dieu et toutes ces choses vous seront données par dessus. (Bible Segond 1910)* Bien que ce passage a été tordu de sens, faut-il quand même admettre que les enfants de Dieu ont renversé l'échelle de valeur dans la quête de leur accomplissement. Beaucoup sont obstinés à recevoir ou à avoir ce qu'ils cherchent et deviennent même sourd aux avertissements de l'Éternel.

La maturité en Christ vient, lorsqu'on développe les valeurs du Royaume de cieux, les valeurs qui étaient en Christ (l'humilité, la diligence, etc.).

Les valeurs qu'il faut adopter pour mûrir en Christ, ce sont les valeurs prônées par la parole de Dieu, l'honnêteté, la libéralité, le pardon, etc.

Certainement, le monde a tendance à rebaisser les valeurs du Royaume de Dieu, et considèrent même à certains égards comme de la faiblesse.

Il est écrit en *Hébreux 11 : 24-26 ' C'est par la foi que Moïse, devenu grand, refusa d'être appelé fils de la fille de Pharaon, aimant mieux être maltraité avec le peuple de Dieu que d'avoir pour un temps la jouissance du péché, regardant l'opprobre de Christ comme une richesse plus grande que les trésors de l'Égypte, car il avait les yeux fixés sur la rémunération. (Bible Segond 1910)*

Il te faut renoncer à soi-même pour adopter les valeurs du Royaume de Dieu, les valeurs de Christ.

3° Mûrir dans le domaine du langage

La Bible déclare expressément que *la vie et la mort* sont au pouvoir *de la langue (Proverbes 18 : 21. (Bible Segond 1910)).* Je pense à ne pas avoir le temps d'en faire de ce sujet un livre à part entière, toutefois, je veux m'efforcer par la grâce de Dieu à se focaliser sur certains éléments importants.

La maturité d'un homme se mesure aussi par son langage. Par sa façon de parler, l'immaturité ou la maturité d'une personne peut se prononcer. Jésus Christ est le modèle idéal en ce sujet. Il pouvait exactement savoir comment il pouvait répondre à tout un chacun de sa génération. Nous lisons en *Colossiens 4 : 6 'Que votre parole soit toujours accompagnée de grâce, assaisonnée de sel, afin que vous sachiez comment il faut répondre à chacun.' (Bible Segond 1910)* Il a été piégé plusieurs fois, juste pour entendre ce qui sortira de sa bouche, mais il a su contourner toutes les manœuvres de tous ce qui en voulaient à sa vie.

La Bible le déclare en plus, l'homme se nourrit par ses paroles *(Verset biblique)*. Il devient donc urgent de développer la sagesse par son Langage. Nos paroles, nos déclarations ont un pouvoir insoupçonné. Plusieurs passent leur temps à critiquer, à parler du mal des gens, à se lamenter, à murmurer, etc. des attitudes qui leur privent de la grâce de Dieu, de sa faveur. Certains tiennent toujours des propose négatifs à leur égard. C'est ce qui est triste. Décider de mûrir en Christ, c'est apprendre à adopter un langage des vainqueurs, des personnes qui ont une espérance infaillible, une persévérance inédite. Qui ont décidé de confesser positivement sur leurs vies peu importent les circonstances. Rappelez-vous, la vie et la mort se trouvent au pouvoir de la langue.

4° Mûrir dans le domaine du Choix

Choisir révèle d'une certaine maturité. Ce point renchérit la partie qu'il fallait murir dans le domaine des valeurs. Toute notre vie est régie par des choix de toute sorte chaque jour. Personne ne peut se soustraire à cette vérité. C'est qui est aussi vrai est que c'est la somme de tous ces chois qui devinent notre vie. Il devient donc important de réaliser la portée de nos choix, qui sont sans conséquence. D'autres basent leur choix sur leurs intérêts, sur la gratification instantanée, sur leur propre vie, ou sur leurs enfants, etc. Peu importent nos choix, ces derniers sont dictés par certaines motivations conscientes ou inconscientes.

Dans ce domaine, Dieu également ne viole pas nos choix, plutôt il nous demande de lui obéir.

Il dit en *Deutéronome 30 : 19 'J'en prends aujourd'hui à témoin contre vous le ciel et la terre : J'ai mis devant toi la vie et la mort, la bénédiction et la malédiction. Choisis la vie, afin que tu vives, toi et ta postérité. (Bible Segond 1910)*

Apprenons à opérer nos choix suivant la lumière de la parole de Dieu. En ayant une vision globale de notre vie, laissons le Saint-Esprit influencer nos choix pour atteindre notre destinée.

5° Mûrir dans le domaine du jugement ou des significations

Le bon jugement est l'apanage des gens matures. Juger les circonstances de la vie selon leurs propres significations. C'est vraiment un domaine dans lequel nous devons mûrir. Ce sont uniquement les enfants qui comprennent les choses que lorsqu'on les explique clairement. **Mûrir** en Christ, c'est apprendre à devancer les évènements, établir un jugement correct de tout. L'apôtre Paul déclare que si on n'est pas **Mûrir**, le jugement sera biaisé, et par conséquent on sera balloté par toute sorte de doctrine.

Éphésiens 4 : 14 ' Afin que nous ne soyons plus des enfants, flottants et emportés à tout vent de doctrine, par la tromperie des hommes, par leur ruse dans las moyens de séduction, (Bible Segond 1910).

Il est temps que le peuple de Dieu se réveille, et puisse comprendre la signification derrière des guerres, des penderies, derrière toutes formes de subtilités et de séduction qui existent aujourd'hui dans le monde par la convoitise.

Atteindre la maturité dans ce domaine, passe par la réflexion, la méditation de la parole de Dieu. Il faut aiguiser son discernement pour arriver à comprendre les choses voilées, et les stratagèmes de l'ennemi.

C'est grâce à cette maturité, que vous pouvez démasquer toute forme de déguisement du Diable, bien qu'il se déguise en ange de lumière.

6° Mûrir dans le domaine de la Compréhension

La maturité en Christ, passe aussi par la maturité en compréhension.

Hébreux 5 : 11- 12 ' Nous avons beaucoup à dire là-dessus, et des choses difficiles à expliquer parce que vous êtes devenus lents à comprendre. Vous, en effet, qui depuis longtemps devriez être des maîtres, vous avez encore besoin qu'on vous enseigne les premiers rudiments des oracles de Dieu, vous en êtes venus à avoir besoin de lait et non d'une nourriture solide.

Vous qui devrez être des maitres, vous avez encore besoin du lait, et non de la nourriture solide, car vous êtes devenus lent à comprendre. (Bible Segond 1910)

La compréhension vous propulse vers la maturité. C'est vraiment un sujet délicat. Nous n'avons pas idée des gens qui sont détruits uniquement par une mauvaise compréhension des écritures. Ils défendent des doctrines erronées, c'est vraiment triste de voir des gens sincères qui se détruisent eux-mêmes par une incompréhension des écritures. Pour élargir notre compréhension, nous devons demander la grâce de Dieu de nous illuminer dans la compréhension de ses écritures, car c'est la révélation des écritures qui éclairent. (Psaumes 119 : 130. *Bible Segond 1910)* Au lieu de nous empresser à comprendre la parole de Dieu à tord et à travers, il nous suffit de passer des temps de méditations, de consécration. Comprendre la Bible, n'est pas évident. Il faut du temps de consécration et de réflexion pour arriver à bien l'interpréter.

7° Murir dans le domaine de la responsabilité

Ce qui est triste aujourd'hui, est que les enfants de Dieu ont laissé tout à Dieu. Ca fait spirituel, et ca donne une impression de la foi ferme. En effet, l'expression laisser tout à Dieu, n'a jamais signifié que nous, nous n'avons plus rien à faire. Dieu dans sa création, il pouvait déjà responsabiliser Adam. Il est dit en *genèse 2 : 15 ' L'Éternel Dieu prit l'homme, et le plaça dans le Jardin d'Eden pour le Cultiver et pour le garder.' (Bible Segond 1910)* Certains parmi nous ont développé une sorte d'irresponsabilité et de passivité à l'égard de la vie, et s'attendent à ce que Dieu agisse de toute façon. La maturité en Christ exige de la responsabilité. Comprendre que Dieu agit avec nous. Jésus Christ pouvait déclarer en *Jean 5 : 17 ' Mais Jésus leur répondit : Mon père agit jusqu'à présent ; moi aussi j'agis' (Bible Segond 1910)*

Mûrir en responsabilité va nous aider à faire la différence entre notre part et la part de Dieu.

Nous ne pouvons pas **Mûrir** lorsque nous nous prenons en victimes, et à chercher des explications pour nous déresponsabiliser de tout ce qui arrive. Il est temps de décider d'être responsable, tout en collaborant avec le Saint-Esprit.

8° Murir dans le domaine de l'influence

Nous sommes le sel de la terre, et la lumière du monde. Tel, il (Christ) est, et tels nous sommes dans ce monde. (Matthieu 5 : 13-14. *Bible Segond 1910)*

Dieu attend que nous ayons de l'influence sur cette terre. Que nous produisons les bonnes œuvres, que nous puissions étendre les valeurs et les principes du Royaume des cieux. Que nous allions à l'encontre du système du monde et faire valoir la parole de Dieu par-dessus tout.

Nous sommes entrain de constater comme le monde véhicule ses principes, et la plupart reste passif, et d'autres s'arrangent même. Il est temps d'assumer notre identité en Christ, et d'éclairer les nations, car nous sommes lumière en Christ.

Jésus Christ s'attend à une église qui influence le monde, qui joue bien son rôle d'ambassadeur.

9° Mûrir dans le domaine de l'Amour

Mûrir en amour, c'est exactement devenir comme Christ. C'est exprimer en effet la nature de Dieu, car il est amour. Nous devons **Mûrir** en amour pour refléter Dieu, être rempli de toute sa plénitude. Vivre comme Christ (par amour), reste le baromètre de notre maturité, et le vrai sens de notre conversion. Car sans amour, tout ce qu'on peut faire est vide de sens.

N'est ce pas il est écrit en *1 Corinthiens 13 : 1-3 ' Supposons que je parle les langues des hommes et même celles des anges : si je n'ai pas d'amour, je ne suis rien de plus qu'un métal qui résonne ou d'une cymbale bruyante. Je pourrais transmettre des messages reçus de Dieu, posséder toute la connaissance et comprendre tous les mystères, je pourrais avoir la foi capable de déplacer des montagnes, si je n'ai pas d'amour, je ne suis rien. Je pourrais distribuer tous mes biens aux affamés et même livrer mon corps aux flammes, si je n'ai pas d'amour, cela ne me sert à rien. (Bible en français courant)*

Colossiens 3 : 14 déclare : ' Et par-dessus tout cela, revêtez-vous de l'amour qui est le lien par excellence. (Bible de semeur).

Alors, une fois nous murissons dans ces 9 (neufs) domaines. C'est ce qui va nous aider à atteindre la maturité en Jésus Christ.

VI.2. LE RÔLE DU SAINT ESPRIT DANS LA VIE CHRÉTIENNE

Il n'y a pas de christianisme sans le Saint Esprit. Tout enfant de Dieu devra réaliser que le Saint Esprit nous a été donné afin qu'il nous conduise dans toute la vérité.

Nous avons vu précédemment la question du SAINT ESPRIT et les dons spirituels. A présent, nous voulons aborder un aspect que nous n'avons pas vu ou précisé en profondeur alors, nous nommons cela, le rôle du Saint Esprit dans la vie chrétienne. D'emblée, on pourra réponde par la réponse que son rôle est de nous « **conduire** ». Comment alors nous conduit-il concrètement dans notre vie chrétienne ?

Nous avons dit avant qu'il nous conduit à travers la parole de Dieu, dons spirituels, révélation et par conviction. Ceci est totalement vrai. Dans cette partie, nous allons voir quelques aspects subtils du rôle du SAINT ESPRIT dans la vie chrétienne.

Lorsque je parle ici de la vie chrétienne, je ne parle pas seulement de la vie spirituelle d'un enfant de Dieu, je parle de la vie chrétienne sous toutes ses formes.

LE SAINT ESPRIT NOUS CONDUIT DANS TOUTE VERITÉ

Ce titre pouvait être même la conclusion du rôle du Saint Esprit. Pourquoi il n'a été dit à notre sujet que la bible nous conduira dans toute la vérité ?

Jésus Christ pouvait dire à ses disciples que les paroles que je vous ai dites sont Esprit et Vie. Sans le Saint Esprit, il n'y a pas de bonne compréhension de la bible, et que c'est le SAINT ESPRIT qui a inspiré les écritures. C'est pourquoi le SAINT ESPRIT en nous conduisant peut soit recourir à la bible, c'est-à-dire à une parole écrite, à une révélation particulière qui peut même pas être écrite dans la bible.

Le SAINT ESPRIT n'est pas un Esprit d'envoûtement, il ne vient pas éteindre votre volonté ni votre esprit, il vient vous montrer le chemin à suivre.

Vous pouvez soit l'obéir ou pas. C'est pourquoi, il est dit dans la bible de ne pas attrister le saint esprit, ni l'éteindre.

Éphésiens 4 : 30 ' N'attristez pas le Saint Esprit de Dieu, par lequel vous avez été scellés pour le jour de la rédemption.' (Bible Segond 1910)

1 Thessaloniciens 5 : 19 ' N'éteignez pas l'Esprit.' (Bible Segond 1910)

Il suffit de comprendre les lois spirituelles pour vivre en parité avec le SAINT ESPRIT.

Avoir reçu le SAINT ESPRIT nous donne l'assurance d'être conduit dans toute la vérité, et tout dépend de la manière dont nous allons vivre avec lui.

VI.3. LA PART DE L'HOMME ET LA PART DE DIEU

Jésus christ dit en Jean 5 : 17 « Mon père agit jusqu'à présent mais moi aussi j'agis. » Dans notre vie chrétienne, nous devons faire la différence entre la part de Dieu et notre part.

Dieu ne peut pas s'engager de notre part, il est Dieu fidèle dans tout ce qu'il fait, non seulement en ce qui concerne les promesses mais aussi ses principes.

La part de l'homme et la part de Dieu se situent à trois (3) niveaux.

Le premier niveau : L'Homme accomplit sa part et Dieu accomplit sa part ensuite.

Dans cette première appréhension, Dieu exige d'abord à l'homme de faire ce qu'il lui demande pour que Dieu accomplisse ce qu'il est entrain de vouloir faire. Dieu attend que l'homme agisse. Il y a beaucoup de choses dans notre vie quotidienne où Dieu veut que nous puissions entreprendre telle ou telle autre activité pour qu'il déploie sa bénédiction (Josué 1 : 7-8. *Bible Segond 1910)*. Il y a dans certains cas où Dieu attend que nous puissions nous décider de bouger, afin qu'il nous accompagne avec un miracle. *(2 Rois 7 : 3-8. Bible Segond 1910)*

Dans cette partie s'inscrit aussi ce que j'appelle la mathématique de l'intelligence que Dieu qui nous a donnés. Certaines choses revêtent du domaine de la raison, de l'intelligence ou de la science où Dieu laisse le choix à l'homme de faire ce qu'il veut faire de son intelligence seul, et lui ne pourra intervenir que là où les choses dépassent l'être humain.

De fois, nous tombons dans une certaine passivité en s'attendant à Dieu sans faire notre part en avant.

Le deuxième Niveau : C'est quand Dieu accomplit d'abord sa part et après il te laisse toi à finaliser ta part. Dans ce cas, c'est Dieu qui commence. Dieu peut te mettre dans une position de faveur, puis après il attend que tu sois responsables dans cette faveur qu'il t'a fait.

L'illustration la plus marquante est l'amour que Dieu a manifesté pour l'humanité (Jean 3 :16. *Bible Segond 1910)* Dieu a donné son fils unique, Jésus christ en avance c'est sa part, afin que quiconque croit en lui ne périsse point (la part de l'homme). C'est dans ce sens que certains croient et que les autres ne veulent pas croire en Jésus christ.

Concernant les deux niveaux de la part de l'homme et de la part de Dieu. Nous devons bien savoir dans chaque situation de notre vie, quelle est ma part et la part de Dieu dans cette situation que je traverse.

Encore faut-il le savoir si ta part est en amont ou en aval. Lorsqu'on ne parvient pas à faire la différence, il y découle deux conséquences désastreuses à ce sujet.

- Premièrement, on risque de se faire beaucoup de soucis en s'appropriant la part de Dieu. Nous devons respecter la part de Dieu et faire ce qui est dans notre pouvoir, car personne ne peut faire ce que Dieu seul peut faire.
- Deuxièmement, on risque de laisser notre part à Dieu. C'est une attitude passive des religieux. Comme ils croient que Dieu est le Tout puissant, ce qui n'est pas faux, mais Dieu ne peut pas faire votre part.

Imaginer vous avez faim et que par grâce de Dieu, quelqu'un vous donne de la farine, de braise et les aliments, etc. voulez-vous que Dieu organise votre cuisine à la maison ?

Vous avez beaucoup d'habits sales et que quelqu'un vous donne du savon, voulez-vous que Dieu s'organise pour votre lessive ?

Nous ne devons pas être paresseux pour arriver à croire que tout ce qui semble réclamer des efforts doit être rangé dans la part de Dieu, pas du tout de fois des choses peuvent sembler difficiles et demander des efforts de notre part.

C'est pourquoi il faut bien écouter le SAINT ESPRIT dans sa façon de nous conduire au lieu d'avoir des idées fixes dans la vie chrétienne, car même le Saint Esprit est dynamique dans sa façon de nous conduire.

La part de Dieu n'est pas forcément ce qui semble être difficile et la part de l'homme n'est pas forcément ce qui est facile. Il faut le savoir par le Saint Esprit et agir aussi par son intelligence renouvelée.

Troisième niveau : Le troisième niveau de la part de l'homme et de la part de Dieu, c'est lorsque Dieu et l'homme accomplissent alternativement leur part ou lorsqu'ils travaillent continuellement ensemble de telle ou telle manière.

La bible déclare que nous sommes ouvriers avec Dieu, il ne suffit pas de dire que j'ai déjà accompli ma part, c'est à Dieu d'agir maintenant, mais de savoir travailler complètement ensemble avec Dieu. D'ailleurs, c'est meilleure façon dont Dieu travaille avec nous.

VI.4. LE PIÈGE DE CE QUI PARAÎT JUSTE À NOS YEUX

Nous devons bien le souligner, la bible déclare que le Saint Esprit nous conduira dans toute la vérité. Il n'a pas été dit qu'il nous conduira dans une vérité partielle, ou dans ce qui est agréable. Il nous conduit en fonction de toute la vérité. Souvent le diable nous piège dans des vérités partielles pour nous pousser peu à peu vers la destruction. Le problème, ce que les gens ont reçus le Saint Esprit, mais, ils ne savent pas vivre en parité avec le Saint Esprit.

Ils n'arrivent pas à obéir facilement au Saint Esprit, car ils jugent la vérité sur base de ce qui est rationnel et démontrable. Le piège de ce qui paraît juste à nos yeux peut nous faire défier de la volonté de Dieu.

Le livre des proverbes ne dit-il pas *'Telle voie paraît droite à un homme, Mais son issue, c'est la voie de la mort'. (Proverbes 14 : 12. Bible Segond 1910)*

Il reste important de bien vouloir discerner les événements et peser par la grâce de Dieu nos choix et décisions. Nous devons rester attentifs à la voix du saint esprit.

Le Saint Esprit va nous aider à mener une vie simple en Jésus christ, il va nous apporter des précisions sur ce que nous devons faire et ce que nous ne devons pas faire. Quelle stratégie à entreprendre et quelle prière à faire ?

À ce jour, les chrétiens se sont imposés eux-mêmes des tas de choses à faire, souvent qui les épuisent eux-mêmes sous prétexte que c'est ce qu'il faut faire.

Rappelez-vous que Jésus christ disait que le fils ne fait rien si ce n'est que ce qu'il voit faire le père. *Jean 5 : 19 ' Jésus reprit donc la parole, et leur dit : En vérité, en vérité, je vous le dis, le Fils ne peut rien faire de lui-même, il ne fait que ce qu'il voit faire au Père ; et tout ce que le Père fait, le Fils aussi le fait pareillement.*

Quelque chose peut avoir dix solutions possibles, mais le Saint Esprit te précisera la solution optimale à opter. Sinon on va vouloir essayer une après l'autre, et on se fatigue pour rien.

La bible déclare que l'onction avec laquelle vous avez été ointes vous apprend toutes choses et vous n'avez pas besoin qu'on vous enseigne (1 Jean 2 : 27. *Bible Segond 1910).* Nous devons être en mesure de discerner par les yeux de l'esprit ce qui pourra se cacher derrière ce qui parait juste à nos propres yeux physiques. Le Diable utilise la séduction, la dissimilation qui sont les facettes du mensonge, étant lui-même le père du mensonge.

VI.5. LA FOI ET L'INTELLIGENCE RENOUVELÉE

Au début de la chrétienne, certains ont pu penser que la foi excluait l'intelligence. Ainsi, la personne qui pouvait avoir foi, devrait nécessairement croire en des choses que la raison ne peut expliquer. Certains philosophes pouvaient qualifier de la religion de la superstition ou de l'opium du peuple.

Même dans la vie du chrétien, il se trouve parfois dans un dilemme où il ne sait plus concevoir la foi et l'intelligence en même temps.

Le sujet de la foi, étant l'un des sujets fondamentaux de la bible nécessite une meilleure compréhension.

On ne peut pas naître de nouveau sans avoir cru en Jésus christ. Il faut donc la foi dès au départ de sa vie chrétienne. Le problème de la foi se trouve dans la manière dont chacun la conçoit.

La bible déclare en *Romains 10 : 17 ' Ainsi la foi vient de ce que l'on entend et ce qu'on entend vient de la parole de Christ. (Bible Segond 1910)*

La foi véritable est basée sur la parole de christ, une autre croyance qui n'est pas basée sur la révélation de la parole de Dieu n'est pas la véritable foi.

Dans Hébreux 11 :1 'Or la foi est une ferme assurance des choses qu'on espère, une démonstration de celle qu'on ne voit pas.' (Bible Segond 1910)

La personne qui a la foi a une confiance véritable en Dieu, il a une assurance dans les choses qu'il espère en Dieu. Et elle démontre cela dans sa manière de vivre.

Dieu aime la personne qui s'approche devant lui avec assurance, avec confiance, une personne qui sait s'appuyer sur lui dans des difficultés de la vie.

Il est écrit que sans foi, il est impossible de lui être agréable. Pour être agréable à Dieu, il faut vivre par la foi selon qu'il est écrit mon juste vivra par la foi.

La foi est même l'essence de la vie spirituelle. La plupart de gens ont juste la foi en Jésus christ pour être sauvé de la mort éternelle, mais ils n'ont pas la foi en Dieu pour les autres détails de leur vie.

La foi ferme est basée sur la connaissance de Dieu et sur la révélation de sa parole. La présomption n'est pas la foi, il faut savoir ce que Dieu dit sur ta situation pour croire fermement à ce qu'il te promet.

C'est la foi en Dieu qui nous permet de manifester notre divinité sur cette terre. Elle nous aide à défier souvent les lois de la nature pour expérimenter le surnaturel en christ.

La nouvelle création devra comprendre comment elle fonctionne. La bible déclare que ce qui est né de la chair est chair et ce qui est né de l'esprit est esprit.

Ce qui est né de Dieu, doit opérer comme Dieu. Tel il est, tels nous sommes sur cette terre. La foi n'exclut pas l'intelligence bien sûr l'intelligence renouvelée. Il est important de savoir se servir de chaque chose selon son contexte. La situation la foi générale, c'est ma foi en Dieu, mais dans les domaines de nos vies, nous devons manifester un certain type de foi pour débloquer toute situation qui semble être insurmontable.

L'intelligence du chrétien est renouvelée par la vérité de la parole de Dieu, il devrait également s'en servir dans sa vie.

Il ne faudrait pas croire qu'avoir la foi, c'est ne plus réfléchir, ni discerner, ni user de sa raison, toutes ces choses ont leur place dans la sphère de leur influence.

Quelqu'un qui a la foi peut avoir toute les autres qualités. La bible déclare en Proverbes 16 : 20 que *Celui qui réfléchit sur les choses trouve le bonheur, et celui qui se confie en l'Éternel est protégé. (Bible Segond 1910)*

Paul pouvait dire à Timothée que le Seigneur te donnera de l'intelligence en toutes choses. (2 Timothée 2 : 7. *Bible Segond 1910)*

L'apôtre Paul continue à dire que je prierai par l'esprit mais je prierai aussi avec l'intelligence. (1 Corinthiens 14 : 15. Bible Segond 1910)

VI.6. MA MISSION SUR LA TERRE

Chaque personne en général, ou chaque chrétien en particulier à un mandat attaché à son existence. Une mission précise, une destinée qui lui donnera un sentiment d'accomplissement, une joie parfaite en Jésus christ.

Nous pouvons certainement faire ou accomplir beaucoup de choses, même des exploits, nous intéressés à plusieurs domaines de la vie, ce qui est une bonne chose, car Dieu nous veut être aussi polyvalent.

Cependant, malgré qu'on puisse faire toutes ces choses, il y a un domaine dans lequel Dieu veut que nous puissions investir beaucoup plus notre temps, un domaine dans lequel nous devons beaucoup plus investir à une certaine étape de notre vie.

Dieu peut nous laisser nous déployer dans une généralisation au début de notre vie chrétienne, mais au fur et à mesure, il fixera notre attention sur la mission dont il nous a assignés sur la terre.

Votre mission peut avoir plusieurs objectifs, et lorsqu'on ne connait pas le couloir de son appel ou de sa destinée, on aura toujours un sentiment d'insatisfaction.

Il s'avère donc indispensable de voir clair dans son esprit afin d'identifier clairement son but, sa mission, sa destinée sur la terre.

Il est important de questionner ses talents, ses points forts et faibles. Ce à quoi on soupire vraiment afin d'arriver à identifier clairement ce à quoi Dieu t'appelle.

Même si Dieu ne te parle pas clairement, Dieu te donnera toujours certains détails face à aux capacités qu'il t'a donné, à la forme, aux habitudes de ton enfance, à tes fréquentations et même à tes désirs. Il suffira de prendre un temps de méditation au lieu de courir dans tous le sens. Cesser un peu trop de se comparer ou de vivre dans la jalousie, et commencer par la foi à faire ce à quoi on est appelé à faire.

Proverbes 16 : 4 ' L'Éternel a tout fat pour un but, même le méchant pour le jour du malheur. ***(Bible Segond 1910)***

VI.7. DE LA CONCEPTION À LA VISION

L'exemple le plus marquant de la conception, est lorsqu'une femme tombe enceinte.

Celle-ci porte en effet un bébé dont elle commence déjà à préparer sa venue au monde. Vous imaginez aujourd'hui, la personne qui devient chef de l'État, ministre, une grande personnalité, un homme d'affaires était à une certaine époque de son existence qu'un embryon, une simple cellule, quelque chose d'invisible à l'œil nu.

Tout part de là, c'est une loi de la nature, rien ne commence déjà grand au départ. C'est pareil pour les plantes, les poissons, les animaux terrestres et marins, l'homme lui-même, tout commence petit.

Il ne faut pas mépriser les faibles commencements. *(Zacharie 4 : 10. Bible Segond 1910)*

On ne peut jamais espérer avoir un jour un bébé sans conception, la vision peut être floue ou une simple rêverie.

Dans la poursuite de ta mission, ta destinée sur la terre, il faut avoir une vision, cela provient de la conception dont tu as de la vie.

Il faudrait être en mesure de saisir sa vision même à l'état embryonnaire pour savoir s'ajuster à chaque étape de maturité de la vision. Dieu sème toujours dans notre cœur quelque chose que nous sommes censés découvrir par la suite. Reconnaître sa vision retrace un chemin à parcourir et donne l'image à des blocages à surmonter dans ce monde. En tant que chrétiens, nous sommes souvent fatigués, essoufflés car nous essayons de tout faire, nous essayons de faire comme tout le monde, nous tombons dans l'activisme religieux sans avoir les limites dans lesquelles nous devons opérer.

Dieu nous équipe toujours sur ce à quoi il nous appelle. Il n'y a pas de mission sans provision. Dieu n'est pas là pour nous exploiter ou nous demander l'impossible, il nous donne toujours la capacité, la grâce qui convient pour accomplir notre destinée.

VI.8. ACCOMPLIR SA DESTINÉE

Nous sommes appelés nécessairement à accomplir notre destinée. Nous sommes parfois piégés à vouloir faire ce qui semble spectaculaire, ou qui plait aux gens, ce qui nous offre une quelque admiration.

Il est parfois vrai que Dieu nous appelle à opérer dans ces sphères, c'est simplement pour sa gloire.

De fois, nous tombons à considérer à tort que tout ce qui est de Dieu ne doit pas attirer les foules, c'est un extrême qu'il faut proscrire Dieu est excellent ROI le tout puissant, on peut l'adorer dans des environnements excellents et faire avec lui des exploits.

N'est-il pas dit *en Psaumes 60 : 14 ' Avec Dieu, nous ferons des exploits, il écrasera nos ennemis (Bible Segond 1910)* Dans tout, il faut rester vrai envers Dieu et savoir accomplir sa destinée. Dieu peut t'appeler au Ministère de la parole, à le servir activement dans ton église locale, Dieu peut aussi t'appeler à le servir partout où il t'a positionné, ça peut être dans le monde séculier.

La destinée d'un enfant de Dieu ou son appel ne s'arrête pas à l'église, car il y a des gens qui pensent que servir Dieu, c'est uniquement à l'église, c'est qui ne pas vrai. On peut servir Dieu à l'hôpital, à l'église, dans une entreprise, dans l'entrepreneuriat, etc.

Nous devons quitter cette tendance à vouloir faire tous les mêmes choses. Ah il prêche bien, moi aussi je dois être prédicateur, cette attitude risque de nous pousser à faire de bonnes choses pour Dieu, qui n'ont jamais été le plan de Dieu pour nous.

Nous devons accepter d'accomplir notre destinée. Certains devront comprendre ce à quoi ils sont appelés. D'autres par contre devront accepter de faire ce que Dieu leur demande.

La plupart des gens hésitent encore de faire le premier pas de foi à accomplir le plan de Dieu pour leur vie.

Dieu est fidèle dans sa parole c'est à vous de vous accrocher sur ce qu'il dit. Il ne vous délaissera point, il ne vous abandonnera point. C'est simplement lorsque vous serez entrain d'accomplir votre destinée que vous aurez un sentiment de satisfaction et de réalisation.

CHAPITRE VII. LA SIMPLICITÉ À L'ÉGARD DE CHRIST

Après avoir compris ces multiples complexités que regorge la vie chrétienne qui sont d'ailleurs continuelles, il peut alors être possible de mener une vie chrétienne simple, heureuse en tant que fils de Dieu.

VII.1. L'HUMILITÉ

Un fils de Dieu qui manifeste la simplicité à l'égard de christ vit dans l'humilité qui est l'une des caractéristiques que christ a manifesté aux jours de sa chair pour sauver l'humanité.

Il est dit en *Philippiens 2 : 6- 11 ' lequel, existant en forme de Dieu, n'a point regardé comme une proie à arracher d'être égal à Dieu, mais s'est dépouillé lui-même, en prenant une forme de serviteur, en devenant semblable aux hommes ; et ayant paru comme un simple homme, il s'est humilié, se rendant obéissant jusqu'à la mort, même jusqu'à la mort de la croix. C'est pourquoi aussi Dieu l'a souverainement élevé, et lui a donné le nom qui est au dessus de tout nom, afin qu'au nom de Jésus tout genou fléchisse dans les cieux, sur la terre et sous la terre, et que toute langue confesse que Jésus Christ est seigneur, à la gloire de Dieu le Père. (Bible Segond 1910)* L'humilité nous pousse à nous confier en lui et à réaliser que sans lui nous ne pouvons rien faire.

Jésus Christ l'a bien dit en ces mots : *'Je suis le cep, vous êtes les sarments. Celui qui demeure en moi et en qui je demeure porte beaucoup de fruit, car sans moi vous ne pouvez rien faire.' (Jean 15 : 5. Bible Segond 1910)*

Dans 1Cor 5 : ce n'est pas que nous soyons nous-mêmes capables…

Un fils de Dieu humble obtient la grâce et gloire. Il est dit que l'orgueil précède la chute, l'humilité précède la gloire. *(Proverbes 16 : 18. Bible Segond 1910)*

Nous vivons désormais une vie chrétienne simple basée sur la grâce et l'amour de Dieu et nous sommes enfin délivrer de toute pression religieuse qui fatigue et essouffle les individus.

L'humilité nous amène à ne pas rechercher une vaine gloire pour rien, elle nous aide à réaliser que nous travaillons et combattons car nous mettons notre foi dans le seigneur.

1 Timothée 4 : 10 'Nous travaillons, en effet, et nous combattons, parce que nous mettons notre espérance dans le Dieu vivant, qui est le Sauveur de tous les hommes, principalement des croyants.' (Bible Segond 1910)

Un fils de Dieu humble ne peut pas tomber dans le piège de la comparaison, la jalousie ou l'orgueil. Il ne cherchera jamais à prouver au monde ou aux autres enfants de Dieu quoi que ça soit, il vit dans l'amour et présente en avant plan la grâce de Dieu et non sa propre personne.

Il se simplifie la vie chrétienne par une attitude de gratitude et de contentement. Pour lui tout devient aussi simple que d'obéir à la parole de Dieu.

L'humilité nous aide à vivre en parfaite communion avec Dieu et les hommes. Elle nous délivre de la honte et des rivalités.

L'apôtre Paul précise dans *Philippiens 4 : 12 ' Je sais vivre dans l'humiliation, et je sais vivre dans l'abondance. En tout et partout j'ai appris à être rassasié et à avoir faim, à être dans l'abondance et à être dans la disette. (Bible Segond 1910)*

Être humble ne signifie pas nier ses capacités ou sa position, cela ne signifie pas non plus devenir un paillasson.

Être humble, c'est s'accepter soi-même en Jésus christ et accepter les autres avec amour, ne pas chercher à dominer les autres mais simplement à maintenir un lien d'égalité dans le seigneur.

L'humilité nous aidera à bien vivre dans une communauté chrétienne et partout ailleurs.

Il y a souvent une sorte de rivalité subtile dans le monde chrétien en rapport avec la manifestation des dons spirituels. Tel pense être trop spirituel que l'autre parce qu'il manifeste tel don spirituel que l'autre, tel prêche bien que l'autre etc.

C'est simplement un manque d'humilité qui nous fait glisser sur ce terrain. Reconnaissons au moins que c'est Dieu lui-même qui départage ces dons par l'esprit selon sa volonté.

Je ne peux pas me sentir inférieur aux autres parce que je n'ai pas tel ou tel autre don, car enfin, c'est pour l'utilité commune.

L'humilité nous aide à vaincre l'arrogance et la prétention. Certains enfants de Dieu se compliquent la vie pour rien en manifestant l'arrogance.

Sous prétexte de foi, ils ont la prétention de promettre, de déclarer certaines paroles, de vouloir démontrer aux gens qu'ils sont fils de Dieu uniquement pour satisfaire leur égo. Et peu à peu comme Dieu résiste aux orgueilleux, ils tombent facilement dans la frustration car ils voulaient obliger à Dieu d'agir.

Certains leaders non appelés par Dieu, des vendeurs d'illusion essaient de convaincre certains serviteurs par des propos pleins de vantardise qui n'accouchent que le néant.

Rappelons-nous que Dieu ne partage sa gloire avec personne. Restons conscients que tout ce que nous avons c'est par la grâce de Dieu et que c'est Dieu qui nous les a donnés par amour.

La parole de Dieu déclare en *1 Corinthiens 4 : 7 ' Car qui est-ce qui te distingue ? Qu'as-tu que tu n'aies reçu ? Et si tu l'as reçu, pourquoi te glorifies-tu, comme si tu ne l'avais pas reçu ? (Bible Segond 1910)*

Notre humilité se voit même dans nos rapports avec les autres lorsque nous voulons à tout prix faire valoir notre opinion dans des discussions, nous arrivons à nous compliquer la vie pour rien.

C'est pourquoi toutes les querelles entre les humains proviennent de l'orgueil.

L'orgueil est un sentiment de supériorité qu'on peut avoir par rapport aux autres, un sentiment de mérite, de grandeur qui pousse à rabaisser les autres et à ne pas les considérer.

L'orgueil peut naître d'un sentiment de fierté exagérée, par rapport aux dons que Dieu nous donne ou les bénédictions que nous avons reçus.

Un orgueilleux est facile à offensé. Si on ne peut t'offenser pour quelque chose de peu, donc, tu es orgueilleux. Bref l'orgueil est parfois subtil, il nous fait tomber dans la suffisance et active notre indépendance par rapport à Dieu.

Nous devons rester humble peu importe la grâce que Dieu déverse dans notre vie. L'humilité nous simplifie la vie chrétienne et permet à Dieu de se manifester puissamment dans notre vie pour sa gloire.

VII.2. LA PAIX INÉBRANLABLE

La paix inébranlable est un indicateur d'une maturité en Christ. La paix est ce que tout le monde a besoin. Que ça soient les riches ou les pauvres, tous veulent vivre en paix. La paix est presque inexistante malgré l'avancement de la technologie, la médecine et le confort moderne. Nous sommes dans ce qu'on peut appeler *« la crise de la paix »*. Partout il y a de l'insécurité, la guerre, les meurtres, les médias nous bombardent avec des informations qui amplifient notre peur et même notre inquiétude. A cela, s'ajoute la crise sanitaire de Corona virus (Covid-19), qui laisse le monde sans dessus dessous.

Les gens mangent, ont des maisons, ils ont l'argent, ils ont tous les conforts matériels, mais ils leur manque la paix, car la véritable paix se trouve en Jésus christ.

Lorsque nous trouvons cette paix, nous vivons dans l'assurance hors du commun et nous vivons dans une simplicité par la grâce de Dieu dans un monde en pleine évolution et agitation constantes.

Jean 14 : 27 ' Je vous laisse la paix, je vous donne ma paix. Je ne vous donne pas comme le monde donne. Que votre cœur ne se trouble point, et ne s'alarme point.' (Bible Segond 1910)

Par là nous comprenons que la paix que Dieu donne en Jésus christ est extraordinaire elle n'est pas cette de ce monde.

Le monde donne un type de paix fragile, éphémère et ponctuel. Vous pouvez vous sentir par moment en paix, lorsque vous avez l'argent qu'il faut, la maison de vos rêves, les diplômes d'une université prestigieuse, le confort matériel qu'il vous faut.

Tout ceci peut vous donner en quelque sorte une certaine paix celle du monde éphémère et passager, il suffira simplement d'un simple événement, une maladie un déclin négatif dans tel ou tel autre domaine pour que votre paix s'évapore au disparait en un clin d'œil.

Certains ne croient pas à une paix permanente sur cette terre et se considèrent être dans une fatalité par rapport à ce qu'ils le arrivent. Et trouvent des alternatives ou de solutions palliatives dans l'alcool, la drogue, le plaisir, la prostitution ou dans la volupté.

Tout ceci n'arrivera jamais à arranger l'affaire, car rien à part Jésus christ ne peut vous donner véritablement une paix permanente. La paix que christ donne ne trouve pas sa source dans le confort matériel, c'est simplement la paix de Dieu dans la vie du chrétien. Une paix qui surpasse toute intelligence.

Philippiens 4 : 6 -7 ' Ne vous inquiétez de rien ; mais en toute chose faites connaître vos besoins à Dieu par des prières et des supplications, avec des actions de grâces. Et la paix de Dieu, qui surpasse toute intelligence, gardera vos cœurs et vos pensées en Jésus Christ. (Bible Segond 1910)

Le trouble commence lorsqu'on veut s'inquiéter, on est perplexe face aux problèmes, la peur et les incertitudes commencent à gagner du terrain, et la paix disparaît.

Matthieu 6 : 34 ' Ne vous inquiétez donc pas du lendemain ; car le lendemain aura soin de lui-même. À chaque jour suffit sa peine. (Bible Segond 1910)

Les incertitudes démontrent simplement notre manque de confiance en Dieu.

La paix du chrétien ne provient pas par le fait qu'il est capable de tout contrôler, par contre par sa confiance en Dieu, par sa foi en Jésus christ.

La bible déclare que c'est une paix qui dépasse « *toute intelligence* » c'est-à-dire tout ce qu'on peut saisir, imaginer et comprendre. C'est une paix simplement surnaturelle qui permet à l'enfant de Dieu d'être calme même au milieu des tribulations.

Nous devons réaliser que nous avons été rachetés par le sang de Jésus christ, et nous sommes devenus la propriété de Dieu.

2 Corinthiens 1 : 22 ' Et c'est encore Dieu qui nous a marqués de son sceau, comme sa propriété, et qui a mis dans notre cœur son Esprit comme acompte des biens à venir. (Bible de semeur)

Pensez-vous que Dieu ne pourra pas bien protéger ce qui lui appartient ?

David ayant cette révélation déclare que l'Eternel est mon berger et je ne manquerai de rien.

(Psaumes 23 : 1. *Bible Segond 1910)*

Nous devons absolument comprendre qu'un enfant de Dieu a une protection divine peu importe le danger ».

Dans Psaumes 34 : 8. *(Bible Segond 1910)*, il est écrit que l'ange de l'Eternel campe autour de ceux qui les craignent, et il les arrache au danger

Nous devons croire en l'amour de Dieu, et savoir compter sur lui peu importe ce qu'il nous arrive.

Romains 8 : 35-39 ' Qui nous séparera de l'amour de Christ ? Sera-ce la tribulation, ou l'angoisse, ou la persécution, ou la faim, ou la nudité, ou le péril, ou l'épée ?

Selon qu'il est écrit : C'est à cause de toi qu'on nous met à mort tout le jour, qu'on nous regarde comme des brebis destinées à la boucherie. Mais dans toutes ces choses nous sommes plus que vainqueurs par celui qui nous a aimés.

Car j'ai l'assurance que ni la mort ni la vie, ni les anges ni les dominations, ni les choses présentes ni les choses à venir, ni les puissances, ni la hauteur, ni la profondeur, ni aucune autre créature ne pourra nous séparer de l'amour de Dieu manifesté en Jésus Christ notre Seigneur. (Bible Segond 1910)

Cette sérénité que nous aurons qui résulte de la paix de Dieu nous donnera l'assurance en toutes choses et nous permettra de vivre simplement sans pourtant se noyer dans une complexité pour rien.

Psaumes 127 : 2 ' En vain vous levez-vous matin, vous couchez vous tard, et mangez-vous le pain de douleur ; il en donne autant à ses bien-aimés pendant leur sommeil. (Bible Segond 1910)

VII.3. LA PUISSANCE DU RESULTAT FINAL

Dans le livre *d'Esaïe 46 : 10, la bible déclare ' J'annonce dès le commencement ce qui doit arriver, et longtemps d'avance ce qui n'est pas encore accompli ; je dis : Mes arrêts subsisteront, et j'exécuterai toute ma volonté.' (Bible Segond 1910)*

Pour que nous puissions demeurer fermes dans la foi, nous devons déjà réaliser que nous sommes déjà des « *Vainqueurs* » en Jésus christ peu importe ce qui peut nous arriver, nous sommes déjà des vainqueurs en Dieu.

Cette façon de voir les choses change la donne, c'est ce que j'appelle *la puissance du résultat final.* Lorsque tu sais que peu importe ce qui arrive, le résultat final reste concluant, alors ce qui peut arriver ne peut plus te faire peur.

La bible déclare en *Apocalypse 12 : 11 ' Ils l'ont vaincu à cause du sang de l'agneau et à cause de la parole de leur témoignage, et ils n'ont pas aimé leur vie jusqu'à craindre la mort. (Bible Segond 1910)*

Nous ne l'avons pas vaincu à cause de nos œuvres ou nos efforts, par contre par le sang de christ et par la parole de notre témoignage. C'est ce que nous devons témoigner sans avoir peur de la mort.

L'œuvre de la croix et une défaite pour le diable et les gens du monde des ténèbres.

Il est écrit en *Colossiens 2 : 15 ' Il a dépouillé les dominations et les autorités, et les a livrées publiquement en spectacle, en triomphant d'elles par la croix. (Bible Segond 1910)*

Les chrétiens sont des vainqueurs, ils ont reçu l'autorité de christ en tant que son épouse, les portes de l'enfer ne prévaudront pas contre elle.

Lorsque nous réalisons que la victoire nous appartient, alors la puissance du résultat final devient notre certitude.

Paul l'ayant compris, précise en 2 Timothée 4 : 7 « J'ai combattu le bon combat, j'ai achevé la course, j'ai gardé la foi.» *(Bible Segond 1910)*

Certainement, il est vivant, mais il dit que j'ai achevé la course. Dans notre société, nous avons tendance à dire qu'une personne achève sa course lorsqu'elle est morte. Cependant Paul n'est pas dans cette dynamique, il réalise avoir fait ce qu'il devrait faire et il est déjà champion, en étant vivant, et que rien avant sa mort ne pourra changer le résultat, car il dit même que la couronne l'attend.

Certains ont peur de mal finir ou d'abandonner la foi, ou de ne pas tenir jusqu'à la fin.

Rassurez-vous que vous y arriverez, non pas par vos mérites, mais par la grâce de Dieu.

Dieu est fidèle à vous faire arriver jusqu'au bout, demeurer confiant et vivez votre vie chrétienne simplement.

Philippiens 1 : 6 'Je suis persuadé que celui qui a commencé en vous cette bonne œuvre la rendra parfaite pour le jour de Jésus Christ.' (Bible Segond 1910)

Dieu qui a commencé avec vous, c'est lui qui vous amènera à votre destination.

Votre vie est en pleine construction et à chaque étape il vous donne une forme qui vous convient.

Vous êtes vainqueur en Jésus christ, peu importent les circonstances du monde et du moment.

Ne définissez pas la victoire simplement selon les critères humains. Devant les hommes la mort de Jésus christ était une défaite, et pourtant c'était la réussite selon Dieu pour le salut des hommes.

Vous ne pouvez pas avoir peur de ce qui va arriver à la fin ou ne soyez pas dans l'ignorance.

Vous êtes dans tous les cas de figure 'Vainqueur en Jésus christ', c'est la puissance du résultat final.

Rappelez-vous tout simplement que toutes choses concourent au bien de ceux qui aiment Dieu et de ceux qui sont appelés selon son dessein. (Romains 8 : 28. *Bible Segond 1910)*)

Puisez votre force dans le résultat final qui vous attend et l'espérance que vous avez, et décider de persévérer en Jésus christ.

VII.4. OBEÏR AU SAINT-ESPRIT, LA VOIE DE LA SIMPLICITÉ DE LA VIE CHRÉTIENNE

Pour conclure cet ouvrage. Je pouvais l'exprimer juste en quelques mots : Obéir au Saint, c'est la voie de la simplicité de la vie chrétienne.

Le Saint-Esprit sonde tout, même les profondeurs de Dieu. Il est celui qui t'aide à vivre une vie Surnaturelle. (1 Corinthiens 2 : 10. *Bible Segond 1910)*

Les gens qui se compliquent la vie Chrétienne, en faisant des choses sans écouter le Saint-Esprit vivent sous pression, se fatiguent, à essayer de poursuivre le vent. C'est lui uniquement qui connait les choses de Dieu. Car connaître la volonté de Dieu passe par lui. Il s'avère donc indispensable de dépendre de lui (Saint-Esprit) pour ne pas se complexifier la vie Chrétienne. Les gens qui se complexifient la vie chrétienne ne sont pas forcément des gens qui vivent dans les péchés. Ce sont souvent des gens qui se lancent dans beaucoup d'activités religieuses sans direction du Saint-Esprit.

- ✓ **Se reposer sur la grâce de Dieu**

La Bible déclare que personne ne se prive de la grâce de Dieu manifesté en Jésus Christ. Lorsque les choses de la vie semblent t'embrouiller, repose-toi sur la grâce de Dieu tout simplement. Ne te tourmente pas pour les choses de cette vie.

Esaïe 30 : 15 ' Car ainsi a parlé le Seigneur, l'Éternel, le Saint d'Israël : C'est dans la tranquillité et le repos que sera votre salut, c'est dans le calme et la confiance que sera votre force. Mais vous ne l'avez pas voulu!' (Bible Segond 1910)

Il faut aussi porter le casque du salut, qui est aussi parmi les armes spirituelles afin de protéger ses pensées. (Ephésiens 6 : 17. *Bible Segond 1910)*

VII.5. LA RESURRECTION DES MORTS

La mort est ce qui fait réfléchir tout le monde. Face à elle, nous réalisons la vanité de tout ce que nous pouvons posséder sur la terre, des titres ou des réalisations.

La mort arrive à tout âge, et nous arrache souvent les personnes qui nous sont chères, et certains vivent avec des regrets des illustres disparus.

Face à la mort, certains trouvent une façon de vivre selon leurs propres convoitises, sous le vocable « mangeons et buvons car demain, nous mourrons tous. »

Nous avons démontré précédemment que la doctrine de christ croit à la résurrection des morts et du jugement éternel, et avons précisé certaines faussetés enseignés par d'autres religions.

A ce niveau, nous voulons simplement démontrer l'espoir du chrétien face à la mort physique dans *1 Thessaloniciens 4 : 13 ' Nous ne voulons pas, frères, que vous soyez dans l'ignorance au sujet de ceux qui dorment, afin que vous ne vous affligez pas comme les autres qui n'ont point d'espérance.' (Bible Segond 1910).*

Il est dit que nous ne devons pas nous affliger comme les autres qui n'ont pas d'espérance.

Un fils de Dieu ne doit pas avoir peur de la mort, il est écrit qu'il (Jésus Christ) a délivré tous ceux qui, par peur de la mort étaient retenues captifs. (Hébreux 2 : 15.*Bible Segond 1910).*

La peur de la mort est une captivité. Un enfant de Dieu doit être totalement livre, car il est écrit si christ vous affranchit, vous serez réellement libres.

La mort physique n'est pas une disparation totale. C'est juste un passage vers l'éternité. Et cela nous donne un espoir de revoir tous nos bien-aimés dans la foi qui nous ont précédés.

Jésus Christ pouvait la (mort) sous-estimer en ces termes que l'enfant dormait et pourtant qu'aux yeux des gens il était mort. (Matthieu 9 : 24. *Bible Segond 1910).*

Croyez-vous les paroles de christ qui disent que celui qui croit en lui et garde sa parole ne mourra jamais, la mort physique n'est pas la fin de votre existence, vous êtes esprit et non corps physique, bien que celui-ci va se détruire lorsque vous reviendrez dans l'éternité pour vivre avec christ ? Ainsi, il y aura donc la résurrection des morts des justes et des injustes.

Certains pour la gloire éternelle, les autres pour la honte éternelle, je ne voudrai pas préciser ici toutes les étapes eschatologiques concernant la résurrection des morts ou le jugement dernier et l'éternité.

Cependant, je démontre simplement comment un chrétien peut vivre détendu, dans une totale simplicité car il a l'espérance face à la mort. Il a en lui la vie éternelle, il a également la preuve de sa résurrection des morts par la résurrection de Jésus Christ.

Il est écrit que *le dernier ennemi qui sera détruit c'est la « mort »* (1 Corinthiens 15 : 26. *Bible Segond 1910).*

Ainsi la mort est démystifiée, l'enfant de Dieu la perçoit désormais avec un regard différent que le païen et peut désormais déclarer comme l'apôtre Paul que la mort « m'est un Gain ».

Philippiens 1 : 21 ' Car christ est ma vie, et la mort m'est un gain.' *(Bible Segond 1910).*

En ayant compris et intérioriser toutes ces vérités, étant conscient de Christ en nous, nous sommes certains de vivre une vie de gloire en gloire, de simplicité à l'égard de christ, et que rien ne pourra nous séparer de l'amour de Dieu, que Dieu vous bénisse abondamment.

CONCLUSION

La grâce de Dieu nous suffit. Nous avons confectionné cet ouvrage dans toute sa partie manuscrite durant la période de confinement suite à la crise sanitaire du Corona virus (covid-19). Tellement qu'on restait à la maison, j'ai eu peu à peu la conviction de mettre par écrit les choses que Dieu m'a enseigné et qu'il ne cesse de m'enseigner concernant la vie chrétienne.

Cet ouvrage est loin d'être exhaustif pour prétendre répondre à toutes les questions de la vie chrétienne, cependant il a juste abordé un aspect particulier sous le titre « *de la complexité à la simplicité de la vie chrétienne* ». Au cours de sa rédaction, nous avons commencé par donner les fondements d'une vraie conversion en Jésus Christ qui constituent une base importante de la vie chrétienne. C'est après la nouvelle naissance qu'on est appelé à croitre en Jésus Christ, c'est dans cette croissance que nous faisons face à beaucoup de complexités qui plongent les chrétiens dans un déséquilibre total. Cette complexité se voit aussi dans la poursuite de la volonté de Dieu, comment arriver à comprendre les voies de Dieu, nous avons peur de nous tromper et parfois de mal à s'adapter au dynamisme du Saint Esprit.

A cela, nous avons parlé de la déduction à l'induction spirituelle par la grâce de Dieu, nous avons abordé la question de la vie chrétienne personnelle et celle communautaire.

Le chrétien, le fils de Dieu devra développer sa communion avec Dieu par le Saint Esprit, et savoir développer sa vie fraternelle en communauté chrétienne et dans son environnement.

L'enfant de Dieu devra se laisser conduire par le Saint Esprit et nous avons vu comment il pourrait vivre par la foi et par l'intelligence renouvelée.

C'est ainsi qu'il peut expérimenter la liberté en christ en accomplissant aussi sa mission sur terre, c.à.d. sa destinée.

En fin, nous avons vu la simplicité à l'égard de christ, nous avons démontré les vertus de l'humilité et la paix que nous avons en Jésus Christ.

A cela c'est ajouté la puissance du résultat final du chrétien et l'espérance que donne la résurrection des morts. Cet ouvrage aide l'enfant de Dieu à quitter la complexité et à aborder sa vie chrétienne en toute simplicité et liberté en Jésus Christ. Certaines questions ne sont pas peut-être répondues de manière satisfaisante dans ce bouquet ou certaines notions n'ont pas été abordées. Nous sommes convaincus que le Saint Esprit vous aidera à comprendre au delà de ce qui est présenté ici afin de mener une vie chrétienne simple et victorieuse.

Puisse Dieu vous comble de sa joie en toute circonstance.

- ***RÉFERENCES DE VERSIONS BIBLIQUES UTILISÉES***

  - Bible Segond 1910
  - Bible Second 21
  - Bible de semeur
  - Bible en français courant (BFC)
  - Bible parole vivante
  - Bible Darby

- ***Note*** : Toutes les citations se trouvant en italiques constituent l'inspiration originale de l'auteur lui-même Frère Maxime KASONGO MUKWAMBA
- **CONCERNANT L'AUTEUR**

Maxime KASONGO MUKWAMBA est né le 29/04/1996 en RDC dans la province du Tanganyika précisément dans la ville de Kalemie.

Il a étudié à Lubumbashi suite à un déplacement familial quelques années après sa naissance où il a fait sa grande partie de l'école primaire de première année jusqu'en 4e année primaire.

Il retourna en suite à Kalemie, où il termina la 5e et 6e année primaire en obtenant un certificat d'études primaires à l'école Primaire Sncc Kalemie II.

Il poursuivra ses études secondaires et humanitaires en section scientifique, option mathématique et physique où il obtient son diplôme avec distinction, à l'institut Kifungo.

En 2013, il comment ses études supérieures et universitaires en sciences Economiques et de gestion à Kalemie à l'université de Kalemie.

Maxime KASONGO MUKWAMBA donna sa vie à Jésus Christ en Avril 2014, après avoir cru en Jésus Christ, il fut baptisé le 17 avril 2014.

Il continua ainsi sa vie spirituelle au sein d'une église locale appelée : Cite de Roi David dans la communauté pentecôtiste du Christ au Congo, en sigle C.P.E.C.O.

Ainsi il continua à croitre en Christ par la puissance du SAINT-ESPRIT.

En 2018, il fut déclaré Licencié en Sciences Economiques, à l'université de Kalemie, où il fut retenu comme Assistant d'enseignement.

L'auteur rédige cet ouvrage en étant encore célibataire et simplement un frère passionné pour Dieu dans son église locale qui Source de vie à Kalemie.

- **QUELQUES PAROLES DE SAGESSE DE MAXIME KASONGO**

1. « Si tu veux que quelqu'un puisse se repentir, prêche-lui d'abord l'amour de Dieu »
2. « Les gens changent non en leur montant tout le temps leurs défauts ou leurs péchés, les gens sont transformés en leur démontrant seulement de l'amour. »
3. « La prédication de la loi engendre des religieux tandis que la prédication de grâce de Dieu par Jésus Christ engendre des véritables Chrétiens, des fils de Dieu. »
4. « La théologie vous apprend des choses sur Dieu, mais le Saint-Esprit révèle Dieu lui-même. »
5. « La prédication de la bible basée sur la lettre tue. C'est l'évangile de Christ qui sauve. »
6. « Etre joyeux, heureux ; c'est savoir être satisfait dans l'attente de quelque chose malgré son issu »
7. « Vivons notre vie au quotidien malgré nos projets d'avenir, Dieu nous aime. »
8. La confiance en Dieu renforce toujours la conscience de soi.
9. Devenir inaccessible pour le diable, c'est Vivre dans l'amour de Dieu.

TABLE DES MATIÈRES

Printed by Books on Demand GmbH, Norderstedt / Germany